未来の教育を創る教職教養指針 7
山﨑 準二・高野 和子【編集代表】

教科と総合の教育方法・技術

子安 潤【編著】

学文社

執筆者

子安　　潤	中部大学	[序章・第2章]
久田　敏彦	大阪教育大学名誉教授	[第1章]
湯浅　恭正	広島都市学園大学	[第3章]
山田　　綾	四天王寺大学	[第4章]
白石　陽一	熊本大学	[第5章]
小柳和喜雄	関西大学	[第6章]
福田　敦志	広島大学	[第7章]
高橋　英児	山梨大学	[第8章]
趙　　卿我	愛知教育大学	[第9章]
竹川　慎哉	愛知教育大学	[第10章]

〈執筆順〉

シリーズ刊行にあたって

　21世紀の現在，国内外ともに，就学前教育から高等教育まで，また学校教育のみならず家庭や地域における教育までも巻き込んで，教育界はさまざまな「改革」が急速に進められてきている。教師教育（教師の養成・採用・研修）全般にわたる「改革」もまた，初等・中等教育の学習指導要領改訂に連動した教師教育の内容・方法・評価の「改革」として，また教師教育を担う大学・大学院の制度的組織的「改革」をも伴いつつ，急速に進められてきている。
　とりわけ近年，「実践的指導力の育成」というスローガンの下で，ともすると養成教育の内容と方法は，実務的・現場体験的なものに傾斜し，教職課程認定における行政指導も次第に細部にわたって強まってきている。さらに，「教員育成指標」「教職課程コアカリキュラム」の策定が行政主導で急速に進行しているが，教師教育の営みを画一化・閉鎖化しかねないと強い危惧の念を抱かざるを得ない。
　そのような教育全般および教師教育の「改革」状況のなかで，今回の新シリーズ「未来の教育を創る教職教養指針」を，主に大学等での養成教育における教職関連科目のテキストとして企画・刊行することにした。そして，以下のような2点をとくに意識し，現職教師の自主的主体的な研究活動も視野に入れて，本シリーズを，各巻編者も含めた私たちからの，教師教育カリキュラムの1つの提案としていきたい。
　①教育学や心理学という学問内容の体系性ではなく，あくまで教師教育という営みにおけるカリキュラムの体系性を提起することを直接的な目的としているが，過度に実践的実務的な内容とするのではなく，教師自身が教育という現象や実践を把握し，判断し，改善していくために必要不可欠とな

るであろう，教育学・心理学などがこれまでに蓄積してきた実践的・理論的研究成果（原理・原則・価値，理論・概念・知識など）を提起すること。
　同時に，即戦力育成を目的とした実務能力訓練としての「教員育成」ではなく，教育専門職者としての発達と力量形成を生涯にわたって遂げていくための教師教育を志向し，そのために必要不可欠な基盤づくりとしての養成教育カリキュラムの1つのあり方を提案するものでもあること。
②現在，教職課程認定行政のなかで「教職課程コアカリキュラム」が示され，すでにその枠組みの下で再課程認定が進められてきている。本シリーズは，本来，上記「コアカリ」という枠組みに対応するべく企画・編集されたものではないが，扱う内容領域としては，上記「コアカリ」の内容にも十分に対応し，さらにはそれを越える必要な学習を修めることができるものを構築すること。
　ただし，「教職課程コアカリキュラム」との関係については，本シリーズの各巻・各章を"素材"として各授業担当者の判断・構想によるべきものであるので「対応表」的なものを示してはいない。なぜなら，「コアカリ」の○○番目に該当する□□章△△節を扱ったから同項目内容の学習は済んだという思考に陥ったとき，教師教育の担当者は自らの教師教育実践を研究的に省察の対象とすることを放棄してしまうことになるのではないか。さらには，そのような教師教育からは社会の変化が求めている自主的主体的な研究活動に立脚した"学び続ける"教師は育ちえず，たとえ育っているようにみえてもそこでの教育実践研究は既存の枠組みのなかでのテクニカルなものに限定されがちになってしまうではないかと代表編者は考えているからである。
　最後に，本シリーズ名とした「未来の教育を創る教職教養指針」のうちの「教職教養指針」という用語について，説明しておきたい。同用語は，19世紀プロイセン・ドイツにおいて最初に教師養成所（Lehrerseminar）を創設し，自らその校長として教師教育の発展に尽力するとともに，以後の教育学・教科教育学および教師教育学などの理論的構築にも寄与したディースターヴェーク（Diesterweg, F. A. W., 1790-1866）の主著『ドイツの教師に寄せる教職教養指針

(Wegweiser zur Bildung für Deutsche Lehrer)』（初版 1835 年）から採ったものである。正確に述べておくならば，今日的な直訳は「ドイツの教師に寄せる陶冶のための指針」であるが，日本におけるディースターヴェーク研究・西洋教育史研究の泰斗・長尾十三二博士による訳語「教職教養指針」を使わせていただいた。ディースターヴェークの同上主著は，その後彼が没するまでに 4 版が刊行され，次第に質量ともに充実したものとなっていったが，当時の教育学や心理学，教科教育学やその基盤を成す人文社会科学・自然科学・芸術など各学問分野の第一級の研究者を結集して創り上げていった「ドイツの教師（それは，近代的専門職としての確立を意味する呼称である Lehrer＝教師：現職教師および教師志望学生たちも含める）」に寄せる「教職教養指針」なのである。同書では「教師に関する授業のための諸規則」も詳述されているが，その最後の箇所で，それらの諸規則を真に認識するためには行為（実践）が必要であること，「最も正しい根本諸原理を自分の頭で考えて理解し応用すること」によってはじめて状況に対応した教育的な機転・判断能力が育成されるのだと強調されている。本テキスト・シリーズも，そういう性格・位置づけのものとして受け止め，活用していただきたいと願っている。

　本シリーズがディースターヴェークの同上主著と同等のものであるというのはあまりに口幅ったい物言いであるといえようが，しかし少なくとも本シリーズ企画への思いは彼の同上主著への思いと同様である／ありたい。そういう意味では本シリーズは「現代日本の教師（研究を基盤にすえた高度な専門職をめざし日々研鑽と修養に励む現職教師および教師志望学生たち）に寄せる教職教養指針」である／ありたいのである。

　本シリーズが，大学のみならず教育実践現場や教育行政において教師教育という営みに携わる教育関係者，教職課程を履修する学生，さらには教育という営為・現象に関心を寄せる多くの方々にも，広く読まれ，活用され，そして議論の素材とされることを願っている。

2018 年 10 月

シリーズ編集代表　山﨑　準二・高野　和子

目　次

序　章　本書の構成と教育方法の学び方 …………………………………　1
第1章　教えることと学ぶこと …………………………………………　7
第2章　教科内容・教材研究と指導案づくり …………………………　24
第3章　わかる・できる・楽しさのつくり方 …………………………　41
第4章　探究する授業をつくる …………………………………………　59
第5章　授業形態とアクティブ・ラーニング …………………………　76
第6章　教育の情報化と授業づくり ……………………………………　93
第7章　対話・討論を深める問いと学ぶ関係づくり …………………　112
第8章　総合学習をつくる ………………………………………………　129
第9章　子どもの評価 ……………………………………………………　146
第10章　授業研究と教師の力量形成 ……………………………………　163

索　引　181

序 章
本書の構成と教育方法の学び方

1 教育方法への期待

　教師をめざす人ならあるゆる教育方法を身につけることができれば授業をいつもうまく展開でき，結果として子どもたちの学力も向上し，たとえばクラス運営も順調で問題行動のある子どもも立派に育つにちがいない，などと一度は思うものだ。すぐれた教育実践を見たり読んだりすると，「そんなやり方があったのか！」と感心することも多い。教育方法の巧みな教師をみると，そこに一歩でも近づきたいと思うのも自然なことだ。教師になったら真似てやってみようと密かに決意したりする。教育実習で試してみると，同じようにうまくいくこともあれば，同じようにやっているつもりなのにうまくいかないこともある。どこがちがうのかと思案することは，教師になったときにも起きる。

　そこで必要となるのが，個々の教育実践を冷静に眺めるまなざしである。たとえば同じような状況で，ほめるアプローチと叱るアプローチがあるとする。どちらがいいのかわからなくなることがある。そんなとき，それぞれの教育方法の機能やメリットとデメリットをふまえ，教育方法が成立する条件が今備わっているか考察する視野があると，どれを選ぶべきか理性的に判断することができる。教育活動を冷静に見つめるまなざしをもたないと，教育実践は行き当たりばったりの経験主義に陥る。

　本書は，授業や授業づくり，学級のなかで学習活動をつくる教育方法の道案内を目的としている。教育方法はそれこそ無数に存在するが，それらを目的や機能で仲間分けして理解しておくと，徐々に自分の使いこなせる教育方法となり，教える内容や子どもに応じて使い分け，アレンジできるほどに熟達し，時には新たな方法を生みだしていく土台となる。

だから，ただ単に教育方法をたくさん知ろうとするのではなく，教育方法を目的・取り組み方・機能（効果）の3つの側面から検討して値踏みし，自分なりの教育方法の配置図をつくるようにしていくと流行の教育方法に振り回されずにすむ。本書の筆者たちは，これまでの教育方法学研究を参考に，教育方法の見取り図をここに描こうとしている。だが，それは完成したものではなく，教育方法を学ぶ人に問いかけ，これまでの解の1つを提供し，教育実践を通じて絶えず書き換えていってくれるようになることを期待してのことである。

2 教育方法とは何か

ところで，教育方法とは何だろう。

教育方法の古典といえばコメニュウスの『大教授学』が有名なのだが，それが執筆された17世紀は身分制社会で誰でもが学べるというわけではなかった。その時代に「すべての人にすべてのことを教える」学を構想し，教科書の必要や教える順序，暗記を強制しないやり方など，当時としては画期的な提案がそこにあった[1]。そこにもみられるように，教育方法は教育を成り立たせる内容や教材の選択と配列，それらを教えていく教師の活動の仕方，したがって子どもの学習活動の組織の仕方の総体をさすと考えられてきた。以後も多くの教師や教育学者がさまざまな教育方法をつくり出してきた。仕事や暮らしとかかわらせた生活教育，学習活動の段階を定式化したヘルバルト派の五段階教授法，個人と集団の活動の組織方法論など多様に提案されてきた。

もっと細かな教育方法も提案されてきた。教材の提示の仕方，映像の見せ方，子どもによるプレゼンテーションのさせ方，板書の仕方などである。考え方やおおまかな手順のような教育方法から細かな教え方の工夫も教育方法と一般には呼んでいる。細々とした工夫をつまらないという人もいるが，たしかにそこだけを問題にしてはならないのだが，全部の細々とした教育方法がより合わさることなしに教育実践はない。実践は総合的なのである。

さしあたり，教育方法を3つに分けて考えると，理解するうえでも分析していくうえでも都合がよい[2]。単純に否定したり鵜呑みにする危険を回避でき

る。

　1つは，ひとまとまりの教育内容を教え学んでいく「方式」や「型」にあたるものである。発見学習，問題解決学習，探究学習，プログラム学習，体験学習などと呼ばれるものがそれにあたる。1つのテーマや単元の学びはじめから終了までのプロセスの全体のつくり方や考え方を意味する教育方法である。近代以前に多かったのは模倣と反復練習であったが，やがて問答や話し合いを織り込んだ方式が学校に広がる。さらに正解の暗記ではなく，追体験的に解をつくり出す方式が開発されるようになる。それぞれの「方式」には，時代の人間像や教育の理念がこびりついている。

　2つは，方式を構成する個別のやり方を意味する「手法」である。教材の提示，発問とそのつくり方，感想の書かせ方などは「手法」にあたる。興味深い発問のつくり方は単独では「手法」だが，それ1つだけでひとまとまりの教育内容を教えきることはできず，前後に別の手法を呼び込むという性質がある。たとえば，問う前には教材の提示が必要となり，問いが出されれば子どもの考えたことの交流・話し合いの手法を採用しなければならなくなる。手法は手法を呼び込むのである。単独で手法の善し悪しが問題となることもあるが，多くの場合，一連の手法の組み合わせで授業の善し悪しは決まる。だから，組み合わせ方も授業づくりの考えどころとなる。こうしたことから，「手法」は，別の教科内容や異なる方式でも使えるある種の汎用性をもつと考えられる。汎用性をもつが，「手法」には正反対の機能をもつものがあり，その機能をわきまえないと混乱をもたらすことがある。たとえば，一問一答の問いは正解を述べることが期待された「手法」だが，討論をめざす発問は多様な意見を期待する「手法」である。どちらも問いの形をとっているが，どちらを意図した問いを提出するか，選択をまちがえると期待と異なる状況が発生する。

　3つは，「技法」である。教育の手法は必ず教師の技に担われて現実のものとなる。発問も教師の問いの出し方によって効果が変わる。教師が子どもの発言にコメントをするさいの表現力など身体的な技のレベルがある。それを「技法」と呼んでおく。「技法」それ自体の習得は，本格的には教師となって経験

とともに身につけていくのが一般的である。

　以上，教育方法には，「方式」や「型」，「手法」，「技法」の3つのレベルがあるのである。大学では，主に教育方法のうちで，「方式」や「手法」のレベルに焦点をあてて，それぞれのねらいや考え方，効果について原則的な見方を学ぶことが多い。教育方法の全体の見取り図を描けるようになることが学生時代により重要だからである。大学の授業ではあまたある教育方法の一部しか取り上げないのが普通だが，大まかな見取り図が描け，これまでに身につけた「よい授業」や「授業のうまい教師」のイメージをつくり変える契機となれば十分である。

　ところで，教育方法と類似の言葉に「教育技術」という言葉がある。1939年に海後勝雄は教育技術とは「実践的手段の体系である」とし，教材や教具，教授過程の意味や原則を教育技術の言葉を用いて説明しようとした[3]。そのときの議論の柱からもわかるように教育方法という言葉に近い意味で用いられているが，教育技術という言葉の方が一般には教育の手段として個々のやり方つまり手法や技法をさすことが多い。他方，教育方法は，先にみたように個々のやり方だけでなく，授業の進行過程や一連の手法についての考え方をさす場合もある。ここでは，教育方法を広義の意味で使用することとする。

3　教育方法をどう学ぶか

　教育方法をどう学ぶか。学び方を場所で区分すれば，学校等の教育が行われている現場，自主的な教育研究を目的としたセミナー・研究会，資格取得をめざす大学等の授業の3つがある。どれかだけが重要ということはない。学校現場は生きた教育方法が展開されているが，意識的に学ぼうとしないとルーティンとなってしまう。それに比してセミナーや研究会は，意識性においてはすぐれていることが多いが，しばしば一定の方式の普及が目的の場合には開発的な性格を失ってしまうことがある。資格取得をめざす大学の講義は，一定のまとまりを備えているが，実践からの距離がどうしても生まれる。どの場所に近い人であっても異なるタイプの複数の場所に参加することが望ましい。

学ぶ対象という点では，実践そのものを参観すること，すぐれた教師の報告を分析的に聞くこと，教育実践記録や教育方法学関係の本を読むことの3つが基本となる。ネット上の実践記録や報告あるいは指導案などの資料を3つのなかに入れていないのは，信頼できないからである。実在する人で実践を直接見たことのある人，公刊された著作などの業績のある人かどうか確認してからネット上のデータは眺める必要がある。

　教育方法をどう学ぶかという点で一番重要なことは，問いかけるように学ぶことである。明日の授業をどうするかという切羽詰まった状況の場合でも自身の問いの中心は何であるのかを忘れると，その場しのぎに終わったり，流行の型に合わせるだけとなりがちである。

　若い教師にはモデルとなるような教育実践上の尊敬できる教師がいるとよいといわれることがある。たしかに身近にめざそうと思える教師がいることは，教育方法を学ぶうえでも有利な条件である。だが，ここでも熟達論の一般原則があてはまる。真似から出発するとしても，自分自身の手法とするにはここでも問いが必要である。問いをもつことで真似を越える可能性が生まれる。あとから行くものは新しい地平を切り開く権利をもっている。

　そこで，本書は，どう問うのかの参照事例として，各章に問いかけを散りばめた構成としている。

4　本書の構成

　本書の各章の構成と位置づけを記す。

　序章は，教育方法とその学び方の道案内である。

　第1章は，説明すれば伝わると考えたり，学びと教えを同一視するのではなく，教えることは学びを成立させて成立するという呼応関係にあることが論述される。この見方が授業を見つめるまなざしの土台となる。

　第2章は，教師の教科内容研究や教材研究の意義と研究方法を具体的に論じている。教える内容や教材は指導書通りで，教え方だけ工夫しようとする動向に対して，内容研究とともに手法を研究する意味が語られる。

第3章は，わかる・できるとは何か，わかる授業の条件を近年のユニバーサル・デザイン論のかかえる課題を検討しつつ，子どもたちの「わかりたい」という願いに応える授業づくりの発想が展開される。

　第4章では，今最も注目されている授業方式としての「探究的学習」を単にパターン化された型に陥られない展開とするために何が必要なのか，事例を提示しながら提案する。

　第5章は，授業方法の基本となる個別や一斉などの学習形態ならびにアクティブ・ラーニングの基本的考え方をクリティカルに論じている。

　第6章は，学校教育に広く入り込みはじめているICT機器の授業での利活用に関する基本的観点が提示される。無理に機器を使うのではなく，授業づくりの必要という観点からの提案が示される。

　第7章は，授業における話し合いという教育の中心に位置づけられつづけてきた教育方法を成立させるもの，とりわけ重要な関係をもつ学級の指導と子ども同士の関係の指導を視野に原則が示される。

　第8章は，総合学習という考え方と構成の仕方を解説する。単なる行事やその準備時間になることもあった総合学習が探究学習として再び注目されていることを念頭に考え方と構成方法を論じた。

　第9章は，授業と学習について回る評価の問題を取り上げる。相対評価から到達度評価への道のり，近年のパフォーマンス評価とその手法を手際よく解説している。成績をつけるための評価からの脱皮が語られる。

　第10章では，授業研究を教師が行うことの意義とその手法が解説される。できあがったマニュアルを利用するだけの教師ではなく，自らの専門性を探究する存在としての教師という見地から授業研究の歴史が振り返られる。

注
1）コメニュウス／鈴木秀勇訳（1962）『大教授学1，2』明治図書。
2）城丸章夫監修（1997）『新しい教育技術1』日本標準，96頁以下を参照。
3）海後勝雄（1939）『教育技術論』賢文館，9頁。

第1章
教えることと学ぶこと

1 「教える－学ぶ」をなぜ問うのか

　教育とは何かという問いに対する応答は多様である。教育の研究にとっては，この問いは共通の出発点ではあるが，それへの回答は最終局面では絶えずさまざまであり続けるからである。しかも，教育研究は教育という事象それ自体には無関係に規範や理念をあらかじめ定めておくべきではないともいわれるので，なおさら多様とならざるをえない。だが，多様となるからといって，そうした先験的定立に再び回帰してよいわけではない。それを避けるには，まずは「事象そのものへ」立ち戻って教育という営みを探ることから出発するほかはないのである。

　そこでいま，立ち戻る事象そのものに目を向けてみると，教育という営みは何よりも「関係行為」であるといえる。教育を「関係」「行為」「システム」という局面から捉える研究（宮野　2003）に学べば，「関係行為」は，前二者を結びつけた事象理解の仕方である。

　ここでいう「関係」とは，いつでもどこでも，好むと好まざるとにかかわらず，教育者（以下，とくに教師）と被教育者（以下，とくに子ども）との何らかの交わり関係として教育が営まれているという局面をさす。それは，およそ教育と呼ばれる場合の日常において不断に生起している事象そのものである。たとえば，ICT機器をふんだんに使った場合でも，生身の教師と子どもが交わらない教育はどこにもないのは，その証拠である。

　だが，すべての教育は交わり関係であるが，すべての交わり関係が教育であるとまではいえないことも確かである。そのため，教育と呼ぶにふさわしい事象のいまひとつの局面も見過ごすことはできない。つまり，教師が子どもに対

して働きかけるという固有の実践的な「行為」という局面である。

　行為論もまた割拠しているが，ほぼ共通に理解されている行為の特徴は，意図性である。この点では，蜜蜂の巣づくりと人間の大工による家づくりとを比較した有名な喩えが参考になる。つまり，蜜蜂は大工も驚くほどの美しい巣をつくるが，それは本能による行動であるのに対して，大工の家づくりの場合は，どのような家をどのような段取りで建てるのかを先取りして実践するというわけである（マルクス　2012）。動物の行動と人間の行為（労働）とのちがいが，ここに鮮やかにみてとれる。とはいえ，教育は，目的・対象・手段の点で，家づくりのような行為とは異なる点も看過できない。ハーバーマス（Habermas, J.）に学べば，人間の実践的な行為は，モノを対象にして，その特性を利用しながら，ふさわしい手段を選んで思うがままに加工して自分の目的を実現する行為と，人間を対象にして，言語によるコミュニケーションのなかで，互いに真理や規範に関して合意を形成してともども成長しあっていく行為とに，二大別される（ハーバーマス　1990）。この区別に従えば，教育は基本的には後者に属する。ただし，教育は純粋なコミュニケーション的行為というよりは，教師が生身の子どもに意図的に働きかけて，ときには子どもの働き返しにあって意図を修正して働きかけながら，子どもの人間形成を保障しようとする特別な相互行為であるといえる。教育が子どもの人間形成を促す意図的な働きかけとしてこれまでいくどとなく規定されてきたのは，このためである。教育は「呼びかけと応答」による対話のなかで人間形成という責任を意志する営みとも捉えられているのである（吉田　2007）。

　このような「関係」と「行為」は，もちろん，別々にあるわけではない。たとえば，教師が子どもに働きかけ呼びかけたり，子どもの応答に応答して働きかけたりする行為は，たえず両者の関係のなかで展開されるし，逆にまた，そうした行為のなかで関係も自ずからつくられるからである。あるいは，関係は，それ自体をつくる行為によって成り立ちもするし，相手に関係すること自体も行為だからである。こうした意味で，教育は「関係行為」であるといえるのである。ここでの主題である授業の日常もまた，教育の一環であり，教える者と

学ぶ者との「関係行為」として展開されている。したがって，「教える－学ぶ」を問うのは，このような「関係行為」としての教育という事象理解から導かれる，授業の原理的で根幹をなす課題となっているのである。

　ところが，そう捉えたとしても，「関係行為」も同様ではあるが，「教える－学ぶ」をめぐっては実際にはたいへんに入り組んで理解されている。たとえば，「教えることは学ぶこと」とよくいわれることがある。教える者は，教える事柄や学びそれ自体や学ぶ者についてよく知っておかなければならないし，教えるなかでそれらをたえず理解しなおすという意味である。このかぎりでまちがいではないが，そう捉えたままでは，教えるとは何かが結局行方不明となる。流行の「学び続ける教師」という特徴づけにも同様の問題が含まれる。あるいは，より実践に迫ってみると，授業をお互いに公開し検討しあう校内授業研究会での反省で「教師は授業中なるべく喋らないほうがよい」とよく指摘されることがある。子どもが主人公なので，主体的に活動し学ぶことが大切であるという趣旨には同意できるが，問われなければならないのは教師の語りかけの内容とあり方であるにもかかわらず，その指摘を鵜呑みにするままだと，語りかけるといった教える行為がまたもや行方不明となりかねない。そこで今度は逆に，「教えたとおりに子どもは学ぶ」という幻想を抱いて教えることを一面的に肥大化させると，それが「インドクトリネーション」（教化）となり，学びはひたすら受け取るだけの苦行となるし，権力的な関係も導かれてしまう。これらは「教える－学ぶ」をめぐる複雑さのいくつかの例示にすぎないが，少なくともここからだけでも，「教える－学ぶ」を問うのは，原理的であるばかりか，きわめて現実的で実際的な課題となっていることがわかる。「事象そのもの」から出発しながらも，なおその内実が問われなければならないのである。

2　「教える－学ぶ」はどう変遷してきたのか

　もともと，近代の学校が成立する以前には，村落共同体の生活のなかで，意図的な教えがなくとも子どもは共同体の習俗を自然に学んでいたし，中世の徒弟制にみられるように，親方が意図的に教えなくても弟子は親方から技を倣っ

ていたといわれる（木村・小玉・舟橋　2009）。つまり，教育といえるかどうかは別にしても，教えがなくともある種の学びはあったのである。これに対して，すべての子どもを対象にして教えることを本格的に求めるようになるのは，やはり近代学校という「システム」が成立してからである。各国によって事情は異なるし，軽重のちがいもあるが，近代学校は，おおむね産業化や資本主義化といった社会構造の移動，科学・技術の発展，それらに伴う人々の教育・学習要求の増大，国民国家の成立と維持，民主主義・合理主義の精神の発展などの関連による「近代化」（富永　2006）のなかで誕生した。それだけに，学びを自然に委ねるのではなく，意図的に教えることが必要とされたのである。教えることの制度上の成立根拠は，ここにある。しかし，その教えるという「人為」が学ぶという「自然」とどのように関係するかは，教育思想史的にも授業実践史的にも一通りではなかった。

　「近代の教育プログラム」を明確に表現した（ヴルフ　2015）と評されるコメニュウス（Comenius, J. A.）は，近代学校の成立以前にすでに「あらゆる人にあらゆる事柄を教授する・普遍的技法」（コメニュウス　1971）を構想し，印刷技術の発展を背景にして『世界図絵』という挿絵入りの教科書をつくり，教える技術も「教刷術」と捉えて，子どもに知識を印刷するように教えることを説いた。このことはよく指摘されるところである。だが，コメニュウスは，教えの学びへの単純で直線的な転化として理解しただけではなく，「教える者にとっては，教える労苦がいよいよ少なくなり，しかし，学ぶ者にとっては学ぶところがいよいよ多くなる」（同上）とも強調した。このかぎりでは，「教刷術」に着目するだけではなく，「教える」と「学ぶ」とを区別したとも評価できるのである。それ以降，「教える－学ぶ」をどう捉え実践するかは，近代の思想史と実践史の中心にたえず位置することになった。なぜなら，ごく常識的に考えれば，「教える」と対になるのは「教わる」であるが，それに代わってより能動的な「学ぶ」が対置されることで両者の矛盾が顕現したからである。

　では，どう捉えられ実践されてきたのだろうか。日本の授業の変遷を，それにかかわる近代教育思想とも重ねてみておくことにしよう。以下では，歴史を

キャベツの千切りのように刻んで一片をくまなく詮索するという実証主義ではなく，「教える－学ぶ」の展開というコンテクストに限定して複数の「歴史的出来事」の間の「意味付与作用」によって「歴史的意味」を探究し物語る（野家　2007）という方法を意識してごく大まかに整理してみることにする。

（1）「伝達－受容」への帰着

　1872（明治5）年の近代学校の制度化後まもなく，日本はペスタロッチの考えを導入した。ペスタロッチ（Pestalozzi, J. H.）は，「小さな大人」とは区別される「子ども」を発見し「子どもたちのなかに，子ども時代をだまって成熟させるがよい」（ルソー　1967）として，ときには「拒絶」や「力」によりながらでも子どもの「自然人」としての自己成長の「補助」を構想したルソー（Rousseau, J. J.）に学びながら，まず子どもの「善き自然」を楽観的に絶対視した。次いで自然のままだと人間は堕落するという「悪しき自然」にも目を向けて，最終的には「数・形・語」を内容として善にも悪にもなりうる子どもの「頭と手と心」の調和的な発達の「助成」に教えることの意味を見いだした（吉本　1986）。アメリカ経由で日本に導入されたこの思想は開発主義教授理論として流布したが，しかし，実際にはペスタロッチとは真逆に，ただ実物を提示して一問一答を積み重ねるといった授業として繰り広げられた。唯一の正解しか予定しない教師の質問によって異なった意見やまちがいをまったく認めず，正解に対してほかの子どもの同意を迫る授業となったのである。その後，ヘルバルト派の教授段階論も導入されたが，同じ傾向をもつにいたった。もともとヘルバルト（Herbart, J. F.）は，「ペスタロッチー教育学の理論化」（是常　1957）を批判的考察を含めて探究しながら，倫理学から教育の目的を，心理学から教育の方法を導き，両者を寄せ木のようにつないで科学的教育学の樹立をめざしたことで知られている。その際，秩序を維持する「管理」を前提にして，子どもの心情・意思に働きかける「訓練」と並んで「教授」を教育の中心におく「地図」を描き，さらに「教授」にかかわっては，認識のプロセスとして「明瞭・連合・系統・方法」という段階を心理学から導いて（ヘルバルト

1966)，これに即応させて教えることを4段階（「指示」「結合」「教え」「哲学」）として構想した（同上）。つまり，学びのプロセスの指定から同時相即的に教えを分節化し確定したのである。後継のヘルバルト派はさらに5段階に修正し，日本はとくにラインのそれを（「予備」「提示」「比較」「総括」「応用」）導入するが，この5段階は，最終的には，今日の指導案によくみられる「導入」「展開」「まとめ」の原型となる「予備」「提示（教授）」「応用」という3段階としておおむね定着した。そして，その実相は，国が決めた「教則」などで一方的に与えられた教授内容・事項を形式的な段階に当てはめて教える手続きを計画することで（稲垣 1966），ひたすら説明してそれを受け取らせるだけの授業となったのである。

このように，もともとは一方での「自然」に沿った「補助」「助成」，他方での学びの指定から確定される教え，といった由来と内容の違いはあるものの，実際には両者はともに，「教える」を「伝達」に特化して「学ぶ」を「受容」とする授業に帰着したのである。それは，天皇制絶対主義に基づく国民教化を体制化する時代の授業への反映であった。つまり，「教える－学ぶ」は真空のなかにあるのではなく，たえず社会的・歴史的に刻印づけられているのである。

（2）「自発－助成」への反転

「伝達－受容」への帰着がその対極を導くのは必然である。とくに19世紀末から20世紀初期の世界の新教育運動ともかかわって大正期に，さらには第二次世界大戦後初期にそれが顕著となった。

自由教育と特徴づけられる大正期は，文字どおり子どもの自由を，そして個性や活動や自治を尊重する時代であった。たとえば，奈良女子高等師範学校附属小の木下竹次は，教師が教授の目的と内容を選定し一方的に子どもを教育する「他律的教育」から，子どもの本性を発露させる「自律的学習」への転換を主張し，「教師の言行をもって直接に児童生徒の言行を拘束し指導する」のではなく，「児童生徒に自ら進んで学習を遂げさせるようにすることを重視する」と力説した（木下 1923）。子どもの意志による学習進行と学習進度の多様性，

教室に限定しない学習場所，学習方法の修得と自己修養の一体化，学習への柔軟な対応としての間接指導などを内容とする「学習法」を実践したのである（同上）。あるいは，千葉師範附属小の手塚岸衛は，「如何に教ふべきかよりも如何に学ばしむべきかを工夫す，如何に学ばしむべきかよりも如何に学ぶべきかを指導する。如何に学ぶべきかよりも如何にせば絶えず学ばんとする意志を振起せらるゝかを考慮すべし」（手塚 1922）といい，「教えから学びへの転換」を唱え，「自学」を構想・実践した。また，「自学」をシステム化した実践としては，アメリカのパーカスト（Parkhurst, H.）が考案したドルトン・プランに学んだ成城小学校の取り組みもある。それは，「教授本位の代わりに学習本位の立場から」，「各個人に自分自身の仕事を成就するために彼自身の能力を組織的に用いる特権を付与」するという目的の下に（パーカスト 1924），教師が作成する「アサインメント（学習課目）」を契約した子どもが，自身で立てた個別の自由進度学習の計画に基づいて学ぶという仕組みであった。これ以外の教育主張や実践も数多くあるが，いずれにしても大正新教育は，このように子どもの学びに重点をおき，主体性や活動性を尊重するものであった。だが，そのぶん教師の教えは，「暗示」「助成」「助言」などにとどまったのである。これは，世界の新教育運動が内包する共通の問題点でもある。

　戦後新教育にもまた，同様の問題がある。戦後新教育は，画一的に統制された教育内容の絶対化に基づく「注入」や「錬成」に対する批判と改革から出発し，子どもの個性，自発性，興味・関心，生活経験などを重視する児童中心の立場を教育の内容と方法にわたって貫き，生活問題・経験の教材化＝教科内容化，問題解決学習など，総じて経験主義の教育を追求した。大正期以上にこれに影響力をもったのは，デューイである。デューイ（Dewey, J.）は，旧教育における子どもの態度の受動化や機械的な集団化，カリキュラムと教育方法の画一化などを批判しながら，「子どもが中心」になるべきと主張した（デューイ 1991）。ただし，ヘルバルトに代表されるそうした「外部からの構成」を批判するが，同時にフレーベルにもみられるような子どもにすでに備わった「内部からの潜在力」の自発的発展に待つことの誤りも説き，「外から」でもなく

「内から」でもない教育を,「経験の意味を深め,またその後の経験を指導する力を増すような経験を再造し,または組織し直す」といった「経験の連続的改造」にみたのである（デューイ　1973）。それはまた，未来のための準備に終わらせることのない社会改良の建設的手段としての教育の進歩性を問いかけるものであった。しかし，戦後新教育は，このデューイがめざした，「外部からの構成」と「内部からの潜在力」の発展との矛盾の打開に応える方向ではなく，生活経験ベースの「ごっこ学習」を展開し,「すずめの学校」に対する「めだかの学校」と揶揄されたり「はいまわる経験主義」と批判されたように，実際には教えることの軽視として展開されたのである。それは,「どのような環境が生長へと導く経験の形成に役立つか」という観点から「価値ある経験」を保障することに教師の責任がある（デューイ　1956）とする見解の反映でもあった。つまり，教えるという行為はそのなかに溶け込んだのである。

大正自由教育はデモクラシー思想を背景に興隆したが，多くは「積極的に時局の変化に順応していく姿勢」（中野　2008）をもつことで国家主義に吸収される脆弱さをかかえていたのに対して，戦後新教育は新たな民主主義社会を打ち立てる息吹のなかで展開されたというちがいがある。ただ，そのようなちがいはあっても，いずれも教えることが軽んじられたことでは通底しているのである。

そして，この点に限定してみると，とくに1990年代以降もそうした傾向にあることがわかる。たとえば，指導要録の改訂通知（1991年）以降，観点別学習状況の評価を「知識・理解」よりは「関心・意欲・態度」に重点をおき，体験や活動を偏重することで基礎的・基本的な内容を個々の子どもに応じて多様化・弾力化しながら「指導から支援へ」が強調されたり，何を学ぶのかの内容は明示せず学習課題・方法は例示して設置された「総合的な学習の時間」（1998年改訂学習指導要領）にもかかわって「教え込む教育から学び取る教育への転換」が強調されてきたのは，その典型である。これらは，21世紀社会が大競争時代になるという認識を背景にした新自由主義政策の授業実践版といった点で新教育とは異なるが，教えを軽視することでは同根といえるのである。

(3)「伝達－受容」と「自発－助成」の併存

「伝達－受容」と「自発－助成」は，授業の昔話ではない。過去が蓄積されて現前しているのである。ところが，「伝達」か「助成」か，したがって「受容」か「自発」かに対して，新たに両極を超えるかのような動向もさらに2000年代後半以降に加わってきた。とくに2008年の学習指導要領の改訂でそれが顕著となる。つまり，「教えて考えさせる指導」の提起である。この提起は，一方では，1990年代以降「子どもの自主性を尊重するあまり，教師が指導を躊躇する状況があったのではないか」という反省から導かれている。他方では，学校教育法の「改正」に関連づけて，①基礎的・基本的な知識・技能の習得，②知識・技能を活用して課題を解決するために必要な思考力・判断力・表現力など，③学習意欲を「学力」の重要要素とし，とりわけ②の活用力が課題であるという認識からも必要とされている。ちなみに，この活用力重視の背景には，15歳を対象にして学校で学んだ知識を生活場面でどの程度応用できるかを読解，数学，理科にわたって国際的にテストするPISAの第2回調査結果の低迷がある。「教えて考えさせる指導」は，その双方から要請されたのだが，基礎・基本の徹底のうえに活用力を段階的に位置づけることから，実践的にはまず基礎・基本は教えて，次に主体的に考え理解を深めるといったことを予定するものであった。これでは，「伝達－受容」と「自発－助成」の対立を一見克服するかのようにみえても，実質的には場面に分けて足し算するような二元論になるほかはない。今回の学習指導要領改訂（2017年）もまたその例に漏れない。というのは，そこでは，アクティブ・ラーニングの視点から「主体的・対話的で深い学び」が提唱されているが，「主体的」「対話的」「深い」は本来一体であるといいつつ，それぞれを固有の視点としても捉え，「教える場面と，子供たちに思考・判断・表現させる場面を効果的に設計し関連させる」といわれ，同様の二元論が埋め込まれているからである。

3 「教える－学ぶ」の統一とは何か，その課題はどこにあるか

近代教育思想とのかかわりを含めて授業の変遷を「教える－学ぶ」に限定し

て概観すれば，以上のような現に存在する3類型を抽出することができる。それぞれに問題があるのであれば，いずれかに与していずれかを未来に投影するというのではなく，3類型を批判的に超える方向で「教える－学ぶ」のあり方を探究することが求められている。もっとも，そのことは，将来の課題に委ねればよいといっているわけではない。この課題に迫り「教える－学ぶ」を統一的に理解する成果も他方で蓄積されてきた経緯があるからである。しかしまた，そこには再検討されなくてはならない問題も含まれている。したがって，何が成果であり何が問題として含まれているのかを考えることが，「教える－学ぶ」のあり方を探究するうえで，いま求められているのである。

（1）「関係行為」としての教育の弁証法的な理解

教育が「関係行為」という事象であるならば，その内実を解き明かしてきた多くの成果がある。なかでも，より「関係」に重点をおいたノール（Nohl, H.）と，より「行為」に着目したリット（Litt, Th.）は，その先駆とされている。

ノールは，「生徒の主体的生への構え」に教育の基準があるとしながらも，新教育のように教師の指導を軽視することでもなければ，外からの働きかけを度外視した自己教育でもなく，自然科学のテクノロジーとの類推によって心理学的に根拠づけられる技術的行為とも異なる「人間が人間に働きかける」行為に教育的行為の本質をみた。この教育的行為理解を前提にしてノールは教育的関係を「成長しつつある人間に対する成熟した人間の熱情的な関係であり，しかも成長しつつある人間が自己の生と形式に至るための，自己自身のための関係である」と規定した。愛を伴う教師の指導と子ども自身の成長という対立を統一するという意味で弁証法的な関係理解といえる。ただし，そこには，自己教育論に対する「人間が他の人間に働きかける純粋に教育的な態度と過程の類推的転用」にすぎないという批判が前提となっている（Nohl 1970）。そのため，基準とされる「生徒の主体的生」は，教師の愛と指導のほうに統一されるという難点を同時にもつこととなったのである。

いっぽう，教育的行為を「人間が人間に関係する行為」という意味で「コ

ミュニケーション行為」と捉えた（宮野　前掲）と評されるリットは，教育的行為を，「素材処理の技術的可能性を明らかにする知識」を必要とするが何を造るかは自由である芸術的行為や，「潜在する目的傾向の単なる保護助成」である栽培と対比しながら，「教育者は芸術家のように造形の自由をもたず，…栽培者よりも多くの『陶冶』の余地をもっている」とした。しかし，「陶冶の余地」をもつにしても，目的設定・手段決定・結果確認の組み合わせの自由をもつ技術的行為ではないとも指摘した。そのような対比のなかで，教育的行為の本質を「責任を自覚して指導しながら，自己の根源から成長する生命のもつ権利を決して忘れず，——畏敬と寛容の念をもって放任しながら，教育的行為の意義の根源である義務を決して忘れない——このことが，教育学的英知の最後の結論である」と強調した（リット　1971）。つまり，教師が責任をもって指導することと子どもの成長に委ねることとの対立を統一的に理解しようとしたのである。だが，リットのいう「最後の結論」は，文字どおり「最後の結論」にとどまった。問題は，その先にあり，それを実践的にどのように具体化するかである。とくに教育方法の分野では，そのことを授業においてどう追究するかが鋭く問われることになるのである。

（2）「教える－学ぶ」の統一過程としての授業とその課題

　この問いに迫り「教える」と「学ぶ」の対立を統一させる努力は日本でも積み重ねられてきた。その代表者といってよい吉本は，子どもの学びを権利として捉えながら，ただ「伝える」とか「助ける」ではなく，教師にとって抵抗にさえなるような子どもの自主性を教師自らが育てる「組織する」リーダーシップを強調した（吉本　1972）。さらに，子どもを管理統制する「管理主義の指導観」，子どもの「自発性」を楽天的に信仰する「自発主義の指導観」，両者を折衷する「バランス論の指導観」と整理しなおしてこれらを批判し，指導することで子どもの自己活動を成立させる「指導と自己活動のドラマ的統一」とも言い換えて（吉本　1982），「教える」と「指導する」を等号で結びながら教師が徹底して教えることが同時に子どもが能動的に学ぶことを呼び起こすという点

に授業の原則を求めた。それは，さきのノールやリットの「関係行為」の弁証法的性格に関する言説をより鮮明化するとともに，すでに授業の変遷でみた3類型を批判的に越える知見である。そこには，コメニュウス，ルソー，ペスタロッチ，デューイなどの近代教育思想を継承しながら，それを超えて新しい次元での「人為と自然」を探るという問題意識がある（吉本　1994）。しかも，この授業の原則は，原則にとどまらず，授業の方法にまで具体化されている。たとえば，その1つの方法は教師の発問である。発問は，唯一の正解しか引き出しえない質問とは異なって，教科内容の習得に向かって子どもの能動的で探究的な思考活動を呼び起こし，そればかりではなく，子どもの誤りやつまずきをも含んだ対立した意見や分化した意見を引き出して，学習集団における学び合いを組織する契機として捉えられている（吉本　1979）。その際，何をどう発問するかは，教師の教材解釈と目の前の子どもの理解から定められるとされる。「水と油のような教えか学びか」といった二律背反や，「あるときには教えあるときには学ぶ」といった折衷を超える方法の具体的な提示が，ここにある。このような意味で，授業は「教える－学ぶ」の統一過程なのである。したがって，制度上の成立を超えて，子どもの主体的な学びを惹起するという点に教えることの成立の実質があるといえるのである。

　だが，そのうえで，さらに検討されなければならない問題もある。
　その焦点は，「教える－学ぶ」の統一が教えによる学びの誘発を意味しているにせよ，それにとどまると，子どもの学びは教師の教えの内に囲われるという狭さが生ずるという問題である。さきの発問を例にとれば，子どもの側からみれば，教師があらかじめ計画した発問内容の範囲のなかに意見や解釈の対立・分化が引き出され，それ以外の疑問や意見は認められなくなるといったようにである。これでは，子どもの学びは教師の問いに収斂されることとなる。したがって，先のノール教育的関係論にみられる，教師の指導のほうに統一されるという難問と重なるのである。そのため，別の回路を含めた統一が考えられなければならない。ただし，それは，先祖返りのように児童中心主義に再び戻ることを意味するわけではない。むしろ，リットやノールが，そして吉本が

ともに教師の側から構想した「統一」を，子どもの学びの地平から教師の教えのあり様を改めて問い直し，新たに構築するという課題として引き取らなければならないのである。

4 「教える－学ぶ」の新たな統一に向けて

　「刺激－反応」による動物の行動の持続的変容を人間にも当てはめる学習理解ではなく，他者と共同して状況や文脈のなかで自らが知を探究し構築する学びのありようが，この間，追究されてきている。たとえば，子どもたちがココナッツを路上で売って計算するストリート算数のほうが，文書化された同じ計算問題によるよりもはるかに正答率が高いといった一連の研究から，計算をできあがったものとして「天下り的に」与える学校的学習の問題が指摘され，「自己生成的に生み出す」という観点が重要とされている（上野　1991）。しかも，自己生成的な知の獲得はそれを担うコミュニティのデザインに依存するともされる。あるいは，学校への適用には慎重であるといわれるものの，学びを「実践共同体への参加」としての社会的実践として捉え，産婆，仕立屋，操舵手などの徒弟制の事例から，新参者がその共同体の周辺に正統に所属することから，次第に向心的に古参者へと成り行くプロセスのなかで学び（意味獲得）が展開されるような正統的周辺参加としての状況的学びが提起されている（レイブ＆ウェンガー　1997）。さらには，言語などの道具を媒介にした対象と主体の活動という3項関係に共同体を位置づけ，学びを含めた社会的実践のモデルを提示する活動理論もある（エンゲストローム　1999）。これらは，規範として画一的に強制される脱文脈化された非日常的な知の個人主義的な「貯蓄」に対して，状況や文脈のなかで知を共同して活動的に構成する学び論として概括できるものである。それゆえに，戦後新教育に対する批判として展開された系統学習論とも一線を画する学び論でもある。戦後新教育が子どもの経験や活動を重視することで教師の教えを軽視したことはすでにふれた。だが，経験や活動の重視は，同時に科学的知識や認識の形成をも後景に退かせた。そこから，「科学と教育の結合」という原則の下に科学的・系統的に編成された教科内容

を子どもたちが主体的に獲得する過程の実現をめざす系統学習論が提起され，その成果が長らく蓄積されてきているのであるが，上のような学び論は，それに対して大きなインパクトをももつようになったのである．

　教育方法の分野では，それらの学び論の成果を視野に入れ，かつデューイの構想にも学んで，佐藤が「学びの共同体」論を提起している．佐藤は，子どもたちの学び合いばかりか，教師たちや保護者・市民の学び合いをも視野に入れた学校再生，複雑で多様な実践状況のなかで問題を設定し解決を探究する「反省的実践家」としての教師の公共的使命，差異が響き合う共同体の構想，民主主義社会の建設という学校教育の目的と学校それ自体の民主的社会組織化をめざして，活動システムを提起する（佐藤　1996；1997；2012）．それは，①他者の声を聴く・聴き合う，②4人グループによる協同的な学び，③学び合う関係の構築，④背伸びとジャンプのある学び，⑤聴く，つなぐ，もどす，声のテンションを落とし話す言葉を精選する，即興的対応による創造的な授業を追求するといった教師の活動，⑥授業の事例研究会を中心とする学校経営，⑦保護者地域市民との協同による授業づくりにくだかれている（佐藤　2012）．その根底にあるのは，対話的学びの三位一体論である．つまり，学びとは，「学習者と対象との関係，学習者と彼/彼女（自己）との関係，学習者と他者との関係という3つの関係を編み直す実践」（佐藤　1995）というわけである．

　いっぽう，子どもの権利条約に基づき，市民的・精神的自由への権利や意見表明権をもとにした社会と歴史に参加する権利に応える「批判的学び方学習」論も竹内によって提起されている．竹内は，①現実のなかに潜在している問題を取り出し，子ども自身が自他の権利の側から問題（世界）を解読する，②互いに異質な人々の生活のコンテクストを重ね合わせつつ，世界を批判的に読み開き，支配的言説の解体と自前の言説の共同創造を促す，③いまある世界に代わるもう1つの世界を想像的に創造する，④学習と社会参加を結びつけて現実世界の変革に開かれた態度・価値観に発展させる，⑤世界の人々の諸問題に対するかかわり方・意識・要求を共感的に知り，人々と連帯してその解決にあたるちからを形成していく，といった学びを提起するのである（竹内　1994）．

このような「学びの共同体」論と「批判的学び方学習」論は，ただ相対的な区別にすぎないが，存在論的と権利行使論的といった接近の仕方や，自己の実存か社会参加かという方向や，主体的真実の追究か世界の批判的読み拓きかという点において異なる。ただし，それらのちがいをあえて問いに付さずに大きくくくれば，いずれも状況・文脈性，自己生成性，活動性ないし創造性などを内に含めた，差異・複数性をふまえた学びの共同性を実現するという意味では通底している。それは，場面に限定した部分的な学びの共同ではなく，本来学びそれ自体のもつ対話的で共同的性格の追求である。また，学びの対話的・共同的性格に着目しても，最終的には同一の世界に到達させるという方向とも異なる。学びの地平から教えることを新たに構想するとは，こうした差異・複数性をふまえて共同で「学ぶ」を「教える」という方向で考えられてよいのである。その際の「教える」は，具体的には，子どもたちが自分の真実や生活世界から当事者として「なぜ，どうして，本当にそうなのか」と教科内容を問いなおし，その問いを他者につなげながら複数の問いや課題を立ち上げて，何が何を根拠になぜに真理であるかを共同探究し複数的に合意するとともに（子安 2013），その過程で自分の真実や生活世界をも同時に問い直す学びを，そして，そのような学びにふさわしい授業文化（授業の仕組みやルールなど）を子どもとともにつくり出すことを，伝える行為となり，そこに誘う行為（指導）となるのである。

　「教える－学ぶ」の統一は，このような内容で新たに理解し実践されてよいだろう。

深い学びのための課題
　これまで受けてきた授業を振り返って検討し，教師になったらどのような授業をつくりたいかを，「教える－学ぶ」のあり方を中心にして話し合ってみよう。

引用・参考文献
　稲垣忠彦（1966）『明治教授理論史研究』評論社，135頁；179頁

今井康雄編（2015）『教育思想史』有斐閣
上野直樹（1991）「数学のメタファーと学校の言語ゲーム」芳賀純・子安増生編『メタファーの心理学』誠信書房，137-147 頁
エンゲストローム／山住勝弘他訳（1999）『拡張による学習―活動理論からのアプローチ』新曜社
カール・マルクス／中山元訳（2012）『資本論 経済学批判 第 1 巻 Ⅱ』日経 BP，15 頁
木下竹次（1923）『学習原論』目黒書店，9 頁；535-536 頁
木村元・小玉重夫・舟橋一男（2009）『教育学をつかむ』有斐閣，14-15 頁；40 頁
クリストフ・ヴルフ／今井康雄・高松みどり訳（2015）『教育人間学へのいざない』東京大学出版会，14 頁
コメニュウス／鈴木秀勇訳（1971）『大教授学 1』明治図書，13 頁；14 頁
子安潤（2013）『リスク社会の授業づくり』白澤社，33-34 頁
是常正美（1957）『ヘルバルト』牧書店，92 頁
佐藤学（1995）「学びの対話的実践へ」佐伯胖・藤田英典・佐藤学編『学びへの誘い』東京大学出版会，72 頁
――（1996）『カリキュラムの批評―公共性の再構築へ』世織書房，454 頁
――（1997）『教師というアポリア―反省的実践へ』世織書房，91-93 頁
――（2012）『学校改革の哲学』東京大学出版会，100-101 頁；121-125 頁
ジーン・レイブ＆エティエンヌ・ウェンガー／佐伯胖訳（1997）『状況に埋め込まれた学習』産業図書，107-110 頁；186-188 頁
竹内常一（1994）『学校の条件』青木書店，123-125 頁
田中耕治編著（2017）『戦後日本教育方法論史―カリキュラムと授業をめぐる理論的系譜』ミネルヴァ書房
手塚岸衛（1922）『自由教育真義』東京宝文館，176 頁
デューイ／宮原誠一訳（1991）『学校と社会』岩波書店，44-45 頁
――／原田實訳（1956）『経験と教育』春秋社，33-34 頁
――／帆足理一郎訳（1973）『民主主義と教育』春秋社，79-80 頁
富永健一（2006）『近代化の理論』岩波書店，32-37 頁
中野光（2008）『学校改革の史的原像―「大正自由教育」の系譜をたどって』黎明書房，222 頁
日本教育方法学会編（2014）『教育方法学研究ハンドブック』学文社
野家啓一（2007）『歴史を哲学する』岩波書店，78 頁；83-86 頁
ヘルバルト／三枝孝弘訳（1973）『一般教育学』明治図書，70-72 頁；92 頁
ヘレン・パーカスト講演／加藤直士・赤坂清七訳（1924）『ダルトン教育案』大阪毎日新聞社，6 頁；19 頁
宮野安治（1996）『教育関係論の研究』渓水社
――（2003）「教育行為論のために」山崎高哉編『応答する教育哲学』ナカニシヤ出版，5-8 頁；9-12 頁
ユルゲン・ハーバーマス／藤沢・岩倉・徳永・平野・山口訳（1990）『コミュニケイション的行為の理論（中）』未来社，21-22 頁；73-74 頁
吉田敦彦（2007）『ブーバー対話論とホリスティック教育―他者・呼びかけ・応答』頸草書房，243-245 頁；255-257 頁
吉本均（1972）『現代授業集団の構造』明治図書，45-51 頁
――（1979）『学級で教えるということ』明治図書，29-32 頁
――（1982）『ドラマとしての授業の成立』明治図書，106-109 頁
――（1986）『学校教授学の成立』明治図書，7 -20 頁

──（1994）『教室の人間学──「教える」ことの知と技術』明治図書，114-137頁
リット／石原鉄男訳（1971）『教育の根本問題』明治図書，89頁；95頁；108頁
ルソー／長尾十三二・原聡介・永治日出雄・桑原敏明訳（1967）『エミール 1』明治図書，123頁
Herman Nohl（1970）*Die Pädagogische Bewegung in Deutschland und ihre Theorie*, 7. Aufl., Frankfurt am mein, S.111-134.

第 2 章
教科内容・教材研究と指導案づくり

1 教材へのまなざし

　教材の善し悪しの判断基準は何だろう。よいとされる教材とそうでないものの差はどこにあるのだろう。

（1）教科内容・教材への社会的まなざし

　戦争中，「水兵の母」（国民学校五年生用初等科国語六所収）は，たった一人の子どもに「一命を捨てて，君の御恩に報ゆる」ように手紙を送った軍国の母の理想像として当時はよい教材とされた。敗戦後は軍国美談として排除されることになった。現在では，手紙の趣旨について，出征後に近所に助けてもらえばもらうほど肩身の狭い思いをしている母子家庭の苦しさを綴ったものと理解されている[1]。また，この水兵は実際には「活躍」することなく病気で帰郷したため，その事実は伏せられていた。当然ながら敗戦後この教材は，軍国主義を一掃する観点から消えていった。ここには，教材選択の基準として民主社会に適切かどうかのまなざしがある。さらには，事実と異なる虚偽の創造と排除の基準もみえる。

　このように教科内容・教材の選択基準には，社会的要請が根底にある。虚偽と社会的要請が上記の例のように結託することがある。当然，不幸な結託は永遠に続くわけではない。内外からの批判に耐えられない内容は，やがて正されていく。とはいえ，教科内容・教材には国家や社会からの要請が織り込まれている。何を教える内容として位置づけるか，どんな意味合いで伝わることを期待しているかという社会のまなざしがいつもついている。それは，どのような知と力をもった人間に育ってほしいかという人間観や学力観という枠組みで捉

えられることもある。教科内容・教材に送られるまなざしは，教える内容の選択基準の役割を果たしている。

　国家が，権力的にまなざす社会的要請もあるし，国家権力ではなくて，社会の多数が一定の意味を期待していることもある。権力からの場合，それが事実を歪めさせたり，一方的宣伝であったりすると不幸な結果をもたらした歴史がある。社会の場合にも，一面的なモノの見方を意識的・無意識的に強要することがある。家族観やジェンダーなど，少数者のものの見方を抑圧することになっていることがある。社会で生きていくために必要というなんらかのまなざしがある。

（2）教科内容・教材への真理のまなざし
　もう1つ，真理というまなざしがある。

　自然科学や社会科学の分野でも，研究が進むと従来の教科書記述が学問的にまちがいということで消えていくことがある。たとえば，今の多くの教科書には，「紀元前4世紀の九州北部に米作りが始まった頃から紀元3世紀頃までを弥生時代と言う」とあるような形で注意深く記してある。「弥生時代は米作り」と機械的に記憶している人が今も多いが，教科書記述はもうちがう。どこでも米作りが行われていたのではないため，始まりの時期と場所を九州北部と特定して記している。というのは，米づくりは縄文期の終わりから始まった地域もあり，伝播の時期に地域差があることが研究でわかってきたことが教科書にも反映しているのである。

　あるいは，理科において，かつて重さや力の単位として使われてきたキログラムは，力の単位としてはニュートンに置き換わってきている。宇宙の起源の年数も現代の教科書で採用されている年数は以前とちがっている。学問の進展を反映して教科書記述は変わるのである。

　こうした事例からもわかるように，教材研究のまなざしのもう1つは，教える内容の真理性に向けられている。学問的到達点の反映の仕方は，教科書によって微妙に異なることがある。あるいは，教師の認識と異なることもある。

教材を研究するとは，こうした点を確かめ，教える内容・教材が真理や真実で満たされているか吟味していくことが基本となる。そこには，教師の理解の仕方を確かめ深めるという側面と，教える内容として真理性を十分に反映した表現となっているか検討するという2つの側面がある。

（3）子どもにとっての教材というまなざし

　教材研究は，教える内容や教材の真理性だけでなく，教材が子どもにとって興味深いか，わかりやすいか，考えたくなるかといった子どもの学びを促進する機能への3つ目のまなざしがある。

　真理性だけを考えれば，各学問分野の専門書を教科書にすればよいことになるが，世界の初等中等教育でそういう事態となったことはない。一部を利用することはあっても，全体としては，子どもの発達や学びの順序性をふまえ，それぞれの関心世界を考慮して，説明の仕方や取り上げる話題，学習問題の追求の仕方として子どもたちに可能な方法かといったことを考慮して教科書や教材を作成してきた。

　だから，教科書を教材研究するときには，そこにどんな配慮やわかるための工夫が込められているかを探り出す必要がある。この配慮や工夫は，じつに多岐にわたる。身近であることを工夫とすることもあるし，逆に珍しさを工夫とすることもある。わかりやすくするためと考えられてきた工夫が，今では否定されることもある。たとえば，かつては何でも身近な事柄から徐々に遠くの世界のことを学ぶことが原則で，同心円的に関心の世界は拡大すると考えられてきた。しかし，今では人とモノの移動がグローバル化し，コミュニケーション手段も変化したために，子どもたちの関心世界にも大きな変化が発生しているとされ，取り上げられる教材も単なる身近なモノばかりではなくなっている。

　しかしながら，取り上げる具体的なモノは変化したとしても，子どもの生活との関連の度合いという視点は変わらずに重要さをもっている。子どもの生活との関連の度合いが学習への切実感にちがいを生む点では今も昔も変わらないと考えられている。

こうして学問的な真理性と同時に生活との関連が結びあっている出来事や資料がよりよい教材ということになる。教材の学び促進性は，うわべの一時的おもしろさとはちがう。うわべに過ぎない場合は，すぐに学習を退屈なものにしてしまう。この観点は子どもによって異なる可能性がある。だから必然的に教材を研究することは，いつも子どもを捉えることと結びあったものになる。また，そうでなければ，よい教材とならない。そのために絶えず教材研究を更新していくことが求められる。

2 ファースト・ステップとしての教科書の研究

教材研究はどう進めるのだろうか。教材研究が大事だといわれるが，具体的には，どんなアプローチがあるのだろうか。

（1）教科内容と教材の区別

教材研究の方法を述べる前に，これまで定義せずに使用してきた教科内容と教材の区別を記しておこう[2]。教具とのちがいにもふれておく。区別をしないと想定する事柄がちがってしまって，議論がかみ合わなくなってしまうからである。

まず，教科内容とは，教科で教えようとする概念や知識や技能をさす。具体的には，日本語の語順の原則，気候と産業の関連，加法の法則，重さの概念，遠近法，グラフの読み取り方，リズミカルに走る技能などが教科内容にあたる。教科内容は，言葉で表現されるものの場合は抽象的になり，教科の背景にある学問や文化の基礎概念と対応している。そのために，教科内容にとって最も基本的なことは，前節でも述べたように，教える内容が正しいこと，真理であること，文化的な正当性をもっていることである。では，真理であれば何でも教えるかというと，そんなことはない。時間的にも不可能だ。冒頭に述べた社会的な要請があるかどうか，子どもに学ばせる必要性や子どもが学ぶ適時性があるかどうかによって選択されていく。

教材は，教科内容を教えるための具体的な素材で，子どもの学習対象となる

モノである。誰もが見かけるモノとしては，教科書がその代表である。教科書のなかに教科内容の説明が書いてあることもあるが，それも含めて大部分は教材である。国語科の教科書の場合，教材としての説明文や文学作品で大方占められている。社会科の教科書には，具体的な歴史的事件や事象の説明，あるいは遺物の写真などが教材として掲載されている。音楽科の教科書は，楽譜が大きな部分を占めているが，作品としての楽譜のもつ固有の文化価値を教えることもあれば，楽譜の仕組みに関する一般的な規則を教科内容として教えることもある。いずれにせよその個々の曲・楽譜を教材と呼ぶのが通例である。音楽や美術の場合，個々の作品に固有な内容があるとともに，他方では技法のように一般性をもつものとが密接に絡み合っていることもある。教科内容と教材が近い場合がある。

　教科内容は，一般に，ほかに代えることができない。小数の考え方と分数の考え方は，別の算数の教科内容である。2つを一定の関係でまとめて捉えることはできるが別々の考え方に基づく概念であり，一般的には教科内容は代替えがきかない。それに対して，教材は，花にはタンポポもあればチューリップもあるように，学習のねらいに応じて代替えが可能である。教材は代替え可能な具体物であるがゆえに，教科内容を学ぶのにふさわしいかどうか，典型的であるかどうかといった基準によって良し悪しがある。教科内容の変化はゆっくりだが，教材は短い期間で変わっていくことが多い。

　教材は，教科書ばかりでなく，教師が教室に持ち込む実物や映像の類いもみな教材である。ときには，子どもたちが教室に持ち込むこともある。教師と子どもが学校から出て，見学や観察に出かけて見るもの，体験するものが教材となる場合もある。本来は教科書よりは実物や実際の経験のほうが基本であり，重要である。教科書は，教室での学習の便宜のために作成されたにすぎない。

　教具は，学習のための補助的な機器や小道具をさす。教室にある実物投影機やパソコン，グループ作業用のホワイトボードなどはみな教具である。理科で使う試験管や顕微鏡，算数で使うタイルなども教具である。子どもがもっぱら使うノートや鉛筆・絵の具などは学習用具と呼ぶ。プールなど大きくて動かせ

ないものは，教育施設・設備という。

（2）教科書の教材研究

　誰でも行うのが教科書の教材研究である。「教科書の教材研究を深めておくように」という人も多い。だが，教科書の教材研究をするとはどうすることか。基本的な観点を知っていないと，眺めているだけで時間が過ぎることになる。

　まず教科書とは何か。教科書とは，法的には「学校において，教育課程の構成に応じて組織排列された教科の主たる教材として，教授の用に供せられる児童又は生徒用図書であり，文部科学大臣の検定を経たもの又は文部科学省が著作の名義を有するもの」（教科書の発行に関する臨時措置法第2条）とされ，教科書検定済みの本をさす。学校教育法の第34条で「教科用図書を使用しなければならない」とされているが，2項に「教科用図書以外の図書その他の教材で，有益適切なものは，これを使用することができる」とあるように，多様な教材を用いることが期待されている。また，そうでなければ教育活動は成立しない。教科書検定を受けてはいないが，教科の学習のための本はいくらも存在し，それらを世間では教科書と呼ぶこともある。

　紙媒体の教科書も時代とともに変化し，文字とわずかな挿絵であった明治期とは比べものにならないほど変化した。今では，図表や写真も多用されるようになっている。さらに，教科書は長い間紙媒体のものだけをさしてきたが，いわゆる「デジタル教科書」が作成されることが2017年に決まった。デジタル教科書は，内容的には紙の教科書と基本的に同じだが，音声や動画，さらにはインターネット・サイトにも接続が容易になる見込みである。デジタル教科書がすべてよいというわけではない。紙の教科書は，安価なだけでなく，同時に複数の頁を開くことができ，書き込みも容易といった多くのメリットがある。他方，デジタル教科書には，変化する量の視覚的な表示に優れているなどそれぞれに特性がある。教科書の形は今後も変化していくだろう。

　近年では，教科書の構成も資料として教材が配置されているだけでなく，子どもが書き込む作業スペースや，学習課題さらには子ども向けに考えるヒント

が記されているものがある。それらが授業を定型化するといった批判もあるが，さまざまな工夫が凝らされるようになってきている。

したがって，教科書の教材研究は，こうした教材とその配置，そこに設定されている課題の意図や意味を理解するところから始まり，その工夫の是非を検討していくことになる。ここで，一部の大学生や大人は，「小学生や中学生の学んでいる教科内容など簡単でわかる」と誤解する人がいる。たしかに，問題が出されれば正答を言えるであろう。しかし，これを教えられるほどに理解している人は，それほど多くはない。たとえば，引き算にも「残りはいくつ」という意味と，「差はどれくらい」という意味などがあるが，こうしたちがいを意識できる人は少ない。これらの意味のちがいを理解していないと，小学１年生の算数を教えることはむずかしい。つまり，「求残」「求差」あるいは「求補」といった引き算の意味を理解し，それらは教科内容なのだが，教科書にはそれらがどこに表現されているか，どんなタイプの問題から配置されているかをつかむ必要がある。そうした吟味を経て教科内容と教材を確定し，教える順番はどれがいいかを確定していくことが教材研究のファースト・ステップなのである。

教科書には，中心となる教科内容を明示的に書いてあることもあれば，教材を読み解いたあとで定式化するように求めているものなど，教科や単元の特性などに応じて異なる。ときに明示的，ときに暗示的に記されている。それを明確にすることが教えるべき教科内容を確定する作業なのである。場合によっては，より適切な教科内容把握を探求していくことになる場合もある。

つぎに，その教科内容を教えるにあたって，教科書では，子どもの学習対象となる教材として，どんな資料や問題を配置しているかを検討することになる。教材のどこに注意を向けさせようとしているか，問いは興味深いか，考える材料はどれほど提供されているかなどと検討していくことになる。

こうした教材の具体性や典型性を検討していくときに参考になるのが，複数の教科書を比較することである。どちらにも共通に記してあれば，教科内容のポイント部分の可能性が高まる。取り上げている教材のちがいや問い方のちが

いがあれば，担当しているクラスの子どもたちにはどちらがよりわかりやすいかといったことを考えるヒントが得られる。教師用指導書なども複数比較することは，教科内容・教材さらに授業構想の検討に有益である。

（3）先行実践を探索する

教科書にある教材なら，ほぼまちがいなく先行実践がある。先行実践を探索するとき，インターネットの上位にあるからと参照するのは推奨できない。よいとは限らないものがしばしば先に表示されるからである。

オーソドックスには，各教科書会社は教科書に合わせた指導例や授業例をウェブサイトにアップしている。これを参考にすると，良くも悪くも定番の教材解釈の仕方や普通の授業の展開の仕方がわかる。

つぎは，本として刊行されているものを探る。本として出版されているということは，それなりの評価を得ている可能性がネット上の記録よりは高い。また，近年では，学会や大学の紀要がリポジトリとして公開されインターネットを介して読むことができるようになってきている。実践記録は少ないものの，特定の単元に関する先行研究として探ることが格段に容易となった。これらの研究論文に登場する授業記録を特定できれば，関連の教師や教育研究団体の文献を先行実践として収集することができる。

以上の資料から，教科内容の理解の仕方のちがいや授業構想のちがいを明らかにし，どの構想の妥当性が高いかを判断する参考にしていく。

3 教材研究のセカンド・ステップ

本格的な教材研究の方法として，3つのアプローチがある。1つは科学史，2つはフィールドへの参加，3つはつまずき研究である。個性的な教師の教材開発と教育実践を読み，3つのアプローチを試してみよう。

（1）学史からの教材研究

戦後の教材開発で大きな功績を残したものがいくつかある。その1つは，遠

山啓らを中心とした数学教育の分野における教材研究である。それは量の系統化に基づく一般から特殊への配列原則（これを「水道方式」と呼んだ）の提出と，その教育の際の「タイル」の開発であった[3]。1958年に公表され，1962年に新聞に連載されると大きなブームとなった。当時，数え主義や暗算主義の算数教育が主流であったことなどから反発も大きかったが，水道方式に反対し，タイルを用いることに一番批判的であった教科書にさえ今ではタイルを使った説明がその後採用されるまでになった。

　それまでの四則計算の学習は，数を唱える数え主義の暗記中心であり，教材例は身の回り主義であった。お金の計算なら身近だろうと，50円玉が10円玉より小さいなど貨幣の大きさと数の量とが一致しないにもかかわらず，貨幣を用いた計算が教材となっていた。そこではゼロという理解の困難な概念がすぐ登場するなど系統的な指導とはほど遠い状況があった。

　これに対して，水道方式で加法を学ぶ場合，繰り上がりのない1位数たす1位数（一般）のタイプからはじめ，やがて繰り上がりのある加法（特殊）のタイプへと教材を配列することが提案された。そもそも数を教えるときには，すぐに具体物から抽象された数字の操作を教えるのではなく，1という量を子どもに捉えさせる半具体物として正方形のタイルを用い，そのタイルを操作することで加法や減法を教えた。記号としての1が具体物としての量と対応していることを丹念に教えたのである。さらに繰り上がりを教える際にもタイルを利用した指導法を開発していった。水道方式は，整数の加法・減法だけでなく，量を分離量と連続量，連続量を外延量と内包量，内包量を度と率に区分し，数計算の体系を確立していった。

　当時の水道方式が算数・数学教育のすべてを解明したわけではないが，一般から特殊への教材の配列原則，具体から抽象への過程を丹念にたどる指導過程を開発していった功績は大きい。この開発過程は教材研究の過程そのものであった。この教材研究の方法を遠山らは，児童心理学，科学史・数学史，現代数学の3つに学んだとしている。なかでも重要な位置を占めたものが，現代数学を含めた数学史を土台においた教材研究であった。

遠山は，水道方式を編み出す作業の根底に数学史と数学教育の動向をつなぎ合わせて考察した。数学史の研究をまとめたものが『数学入門（上）（下）』だが，そこでは一対一対応の発見に始まり，微分方程式の章までを取り上げて現代数学を除く量の体系を提示した[4]。数学史の理解に基づいて，量の体系と当時の小学校から高等学校までの数学教育の内容を検討して，整数論や代数学を中心とした領域の内容の革新を主張した。また遠山らは，その内容を教える段階で当時紹介されだしたピアジェらの認識に関する心理学的知見を認識の微視的発展と称し，授業の組み方に取り入れた。これらの構想を教師たちと検討するなかで水道方式と教具としてのタイルが誕生した。

　教科内容の抜本的検討や教材の全面的改訂を視野に入れた遠山らの仕事は，現在の教師のおかれた条件からすると，誰でもが行える研究ではない。だが，こうした視野をもった地道な検討が新しい教材を創り出していくのであり，そこに示された観点からの研究になにほどか参加することはどの教師にもできる。

　科学史に学ぶという点で，教師の行う作業がさらに具体的にみえるのが「仮説実験授業」における教材開発である。対象に目的意識的に問いかける実験を重視し，科学的認識を社会的認識であるとする科学論に基づいて，授業書を用いた授業を仮説実験授業と呼ぶ[5]。板倉は，その教材を科学史上においてそれまでの誤謬を正し，発展させた実験や事象から探してくる。そうした画期となった発見事例を授業書のなかに取り込んできた。

　このときの板倉たちの発想で重要なことは，単に，科学史上の事例を並べるのではなく，人類はどうまちがってきたか，子どもたちはどう考えるかと付き合わせて取捨選択したことである。人類の驚愕のまちがいと発見のなかに，認識の発展，概念形成にとっての核があるとみたのである。「科学の原理と常識的な判断とがはげしく対立すればするほど，それを学ぶことは児童にとってすばらしいことになるはずです」[6]とした。

　人の陥りがちな誤りとそれを劇的にひっくり返した発見や実験が科学史上にないかと探したわけである。科学史を本格的に調べ上げて教材をつくるとなると普通の教師には手が出せない。しかし，限定されたテーマに関する書物を調

べることは，多くの人に可能だ。物理学や歴史学の学史を調べるとなると困難だが，桜の歌だけ，磁石についてだけとなると，それらに関するコンパクト本が刊行されている。必要に応じて専門書を追加するとしても，学史の探索は興味深い教材を提供してくれる。

（2）フィールドへの参加

多くの教科で基本となっている教材研究は，フィールドへの参加である。教科や教科内容によって当然フィールドは異なる。理科や社会科なら実物や遺跡がある場所，美術や音楽なら本物の作品を鑑賞することである。実物を見ずに教科書だけで教えることは可能なかぎりさけたい。教えたいのは，教科書ではなく，本当の世界だからである。当然，世界各地に出かけることはできないし，日本国内でも個々の教師が実物を見ることができるものは限られている。すべては不可能だ。しかし，映像を含めてマニュアル化された教材セットが商品化される時代となっても，本物を見ることがやはり基本なのである。

実物には，教科書や教材セットでは切り捨てられてしまった匂いや感触，実物を包み込む周囲の世界がある。学習の効率のために切り捨てられた要素が子どもたちの学習にとって重要な意味をもってくることがある。実物は，周辺情報を含めて豊かさを授業にもたらすことになるのである。

フィールドへの参加には，さらに奥行きがある。学問や文化活動そのものへ教師自身が参加することである。本物を見るだけなら，博物館で済むかもしれない。見るだけ，説明を聞くだけでなく，その先へ一歩踏み出すことが教師の教材研究なのである。

博物館の展示物には，関係分野の研究者・学芸員の人々による収集と分析，提示の仕方に関する専門家の活動がある。この活動の一端に教師が参加するのである。野尻湖のナウマン象の歯の化石をきっかけとした発掘調査には小学生から大人までが参加し，旧石器剥片や肋骨など多くの発見をもたらし，今も続けられている。展示物を見ているだけとはちがった活動，研究創造活動をフィールドとした活動が研究と教育に多くの実りをもたらすのである。

フィールドへの探求的参加が教材研究を深めるだけではなくて，学習問題への取り組み方のヒントを提供する。社会科や理科では，とりわけ，地域に根ざした教育の1つあり方として，教師自身が地域の歴史や自然を調査し分析・報告する活動に参加するなかで，多くの新しい教材を生み出してきた。それぞれの一地域に暮らす教師が，限られてはいても資料を探求することには格別な意味がある。たとえば，教科書だけの場合，政権のある場所や権力者の側から歴史を一面的に捉えてしまうことが多いが，地域にあった出来事の側からみるとちがってみえてくることになった事例は多数にのぼる[7]。中央の視点とは異なる人物の言動や出来事に遭遇するからである。それらの発掘が，歴史の捉え方を変えるだけでなく，子どもに歴史を身近なものにすると考えられている。

　すでにふれたように，教師自身が学問や文化に参加すると，それぞれのテーマの資料の集め方や分析手法もみえてくる。教えたい教科内容の結論はどのような資料からどのような手法で導き出されたのか，その過程でどのような意見のちがいがあったのか，どのような議論の結果として現在の見方があるのか，それが人類や子どもたちにとってどのような意味をもっているのかを示唆することになる。こうしたプロセスと作法が，子どもたちの行う探求活動の基本となる。専門家とまったく同じように取り組むことはできないことがあったとしても，また研究した教師が生硬に教え込むことになれば意義はなくなるが，学問の探索過程の一端を担い垣間見ることは，教師にとっても子どもにとっても計り知れない価値がある。

(3) つまずき研究による教材研究

　教えるべき内容について知る，具体的事象を理解するというだけなら教師に限らない活動であって，教師の仕事としての専門性はない。そうではなくて，子どものことを想定して行うところに独自性の1つがある。その観点からのアプローチの1つが「つまずき研究」である。水道方式や仮説実験授業の教材研究にもそのことが背景に存在していた。「大人も子どもも間違う実験」を科学史上から探していた。逆に，まちがいを劇的に正す事例を探していた。

人のおかすまちがいには，多様なものがある。視覚の錯誤のように客観的事実と主観的認識の不一致，言葉の意味の包含関係の錯誤，論理的関係の錯誤などに分類する研究が古代からある。いまでも論理学や心理学の誤謬に関する研究は参考になる。

　しかし，教師よる子どものつまずきを土台とした教材研究には，独自性がある。教えたい教科内容の抽象性と子どもの理解の仕方のズレという点では同じだが，把握の仕方のズレを発達的特性とかかわらせて捉えて検討する点で異なる。たとえば，「丸」と「円」とは類似した概念だが，一方は生活的概念であり他方は科学的概念である。「円」の厳密な定義「一点から等距離の点の集合」といったのではイメージが浮かんでこないが，やがて具体的なものをイメージしつつ「点の集合」が「線」のことだとつかみ，それらを「円」という言葉とつなげていつごろから捉えられるようになるのかと考える。さらに，こうした科学的概念が理解されるためには，その前にどんな知識の積み上げが必要かと考え，どのような手順をふむとまちがいの少ない認識となるかを子どもを思い浮かべながら検討する。ここに特質がある。

　各教科で子どもたちがしばしばおかすまちがいには，確率的に高いものがあることが知られている。たとえば，主格助詞の「は」と「が」の使い分け，打率を量分数のようにそのまま足してしまうこと，力の概念など，高い確率でまちがえる子どもがいる。そこで，さまざまな教科で「つまずき」とその克服をめざす研究が行われている[8]。

　教材研究は，つまずきの法則性をある程度知ったうえで，子どもにそのつまずきをさせないように教材を構成するのではなく，つまずかせそのつまずきを克服するにはどのような教材がいいかと考える。というのは，結論の言葉だけを覚えさせる授業ではなくて，認識としてはつまずきを経由して理解にいたるほうが認識としてより正確になるだけでなく，思考の過程が豊かになると考えられているからである。

　教師の授業のための教材研究は，目の前の子どもの認識の仕方と付き合わせていくために，誰かに代わってもらうことができない部分が残る。先行研究を

参照しつつ，何ほどかそのつど行わざるをえない。そのために，「教材が教材となる」といういい方を教材研究の段階においてもする人がいる。

4 教材から指導案づくりへ

指導案を作成してみよう。できた指導案を教材研究の観点や授業構想づくりの視点から評価してみよう。細部ではなく大まかな進行，教材の理解の妥当性をまず検討しよう。

（1）教案から学習指導案へ

現在，教師たちの間で「学習指導案」（授業指導案と呼ぶ人もいる）略して「指導案」と呼ばれるものは，教師が授業をどう進めるかの計画を記したもののことである。多様な形式のもが流通しているが，一般的には少なくとも，単元名と教える内容に教師のつかみ方，単元全体の授業時間の計画，1時間ごとの授業プランの部分には教師の主たる活動と子どもの基本と学習活動が進行順は記してある。地域や学校ごとあるいは教師によって多様な項目と形式の学習指導案が流通し，細案と呼ばれる教師と子どもの言動を詳細に構想したものもある。研究的に必要なとき以外には，学習指導案は作成しないが，おおよその単元計画とおおよその授業進行を想定しておくことは実践を振り返るために必要だと考えられている。

明治の半ばには「教授法」あるいは「教授案」，さらに略して「教案」と呼ばれるものが存在していたことが知られている[9]。詳細な細案と呼ばれるものをつくる教師文化の国は少なく，日本の「学習指導案」の形は珍しいといえるが，どの国でもなんらかの授業の進行計画をもっている。

戦前の「教授案」は，名前のとおり，教師の教える内容と教え方を中心に記してあった。戦後は，徐々に「学習指導案」という呼び名に変わっていったが，その字のあて方からわかるように，子どもの学習活動を前面に出し，その学習の指導として教師の行うことを記す形が普及した。とはいえ，教師の指導の計画案であり，教師の授業構想が学習指導案である。

（2）学習指導案づくり

　教材研究に基づいて，学習指導案をつくる。その基本は，3つの段階からなる。1つは，教科内容を教えていくおおまかな筋道を確定することである。単元計画の決定である。2つは，1時間の授業進行である。主に利用する教材の確定と1時間の授業の始めから終わりまでの基本的進行計画である。3つは，授業の中心となる主要な活動もしくは主発問づくりである。これら3つをそれぞれの学校や教師が採用している形式に配分すれば学習指導案はできあがる。段階とはいえ，単元計画からできあがるとはかぎらない。おもしろい問いや教材が1つだけ決まって，あとから全体計画をつくることもある。

　問題は，3つの具体的策定手順である。日々創造されているが，基本となる手順がある。単元計画は，単元の基本となる内容を確定すると，その理解に必要な概念の構造分析が土台となる。たとえば，大気汚染の問題の場合であれば，どんな現状があるか，原因はなにか，対策の現状と課題という構造分析を定めることになる。次に学習者にとって学ぶ意義や意味が感じられる順番を考慮して，最初の問題提起となる授業をどれにするかを確定し，以下では構造がみえてくる順を基本に，それぞれの小単元を通じて育てる力を想定して基本となる子どもの活動を策定していく。単元計画のつくり方ならびに1時間のなかでの主要発問のつくり方は，第4章以下の各章が参考になる。

　ところで，学習指導案の形式について，細部の表現や特定の進行形式にばかりこだわる一部の人々がいる。そのなかには権威主義や過去の経験の絶対化にすぎないことがある。指導案の形にこだわるのではなく，子どもたちの反応に応じて実際の授業で組み替えることこそ重要だということを肝に銘じておく必要がある。本来学習指導案はつくることが目的ではなく，実践のためのプランにすぎない。だから，形式にこだわって作成に時間をかけるよりも，プランそのものの妥当性やつくられた実践そのもの善し悪しが大事なのである。また，プランづくりは，実践者が行うことも重要な原則である。検討を共同で行うことがあったとしても，最終的決定権を有するのは専門職者たる実践者である。

(3) ワークショップ的プランづくり

　いわゆる学習指導案と形において大きく異なるのがワークショップのアクティビティの仕様書きである。ワークショップのプランの記し方は，次の項目で構成されていることが多い。学習指導案の形より簡略で，進行の仕方はわかりやすいものが多い[10]。

　ア）ワークショップのタイトルと全体のねらいの説明

　イ）アクティビティの全体プラン（短いものは1時間から長いものは数日間以上に及ぶものまで多様にある。アクティビティごとに以下が記される）

　ウ）アクティビティのねらいと活動の流れ（課題など最初の説明，参加者の活動の流れに沿った記述，活動の目安となる時間）

　エ）振り返りのポイント

　以上の4つで，多くのアクティビティで構成されるものは，ウ）とエ）が繰り返されていく。この仕様書きの特質は，実施する側は何をすればいいかが容易にわかる形となっていることが多い。この形のメリットは，活動の仕方を書いてあるので，参加者とファシリテーター（進行役）が何をすればいいかがわかりやすいことである。

　ワークショップ的指導プランづくりの重要なポイントは，ねらいの妥当性の吟味が優先される。この点は，学習指導案の場合と基本的に同じである。発想としてちがうのは，どんなアクティビティを設定するかまず考える点である。この点で，ワークショップの場合に多いのは，本物の活動のシミュレーション（模倣）活動を考えることである。南北問題を考える貿易ゲームなどはその代表である。もう1つ多いのが，ランキングをつけることで価値観やものの見方を浮上させる手法である。疑似体験や表現・制作的活動を織り込むことも多い。そうすることで，テーマと学習者をつなげて考えることを期待している。ワークショップの参加の形態は，グループ活動であることが多く，誰でもが参加しやすい活動となるように工夫され，自発的参加を期待したものが多い。

　ワークショップ的指導プランは，学習者の参加と活動を中心に据えている。そのメリットは，遠くの無縁にみえる出来事を身近に感じさせたり，日常的す

ぎて意識化できない事柄を目に見えるようにさせることがある。他方，活動的な性格を強くもっているので，事柄を言語的・構造的に捉えるためには，アクティビティだけでは十分でないこともある。一部のワークショップは，活動の仕掛けが一面的な見方に追い込むものとなっていることもあるために，その設定にはテーマに関する広い視野が求められる。

　教える内容は，学問研究が進むと変わることがある。「本当はどうなのか」というまなざしをもち続けることが教材研究をする教師の基本姿勢である。

深い学びのための課題
同一単元の教材の変化の歴史を調べ，変化の要因をさぐってみよう。

注
1）中内敏夫（1988）『軍国美談と教科書』岩波書店，63頁。
2）柴田義松（2010）『教科教育論』〈柴田義松教育著作集4〉学文社，124頁。教科内容と教材の区分を最初に提起したのは柴田である。
3）友兼清治編著『遠山啓行動する数楽者の思想と仕事』（太郎次郎社エディタス，2017年）を参照。
4）遠山啓『数学入門（上）（下）』（岩波書店，1959／1960年）を参照。
5）板倉聖宣（2011）『仮説実験授業のABC』第5版，仮説社，24頁。
6）板倉聖宣・上廻昭編著（1965）『仮説実験授業入門』明治図書，58頁。
7）遠山茂樹『歴史学から歴史教育へ』（岩崎書店，1980年）は，教師と歴史研究者の歴史研究と歴史教育へのかかわりを考察した先駆けといえる。それぞれの専門性の非対称な関係めぐる議論として，歴史学研究会編『歴史学と歴史教育のあいだ』（三省堂，1993年）がある。
8）数学教育協議会編（2012）『算数・数学つまずき事典』日本評論社。つまずき研究の論文は，数学だけでなく言語教育や科学教育分野に多数存在している。
9）仲新他編「近代日本教科書教授法資料集成（全11巻）」（東京書籍，1982年）を参照。教える内容のポイント，教える手順もしくは教師のシナリオの形が一般的で，表のスタイルのものは所収資料にはない。
10）中野民夫『ワークショップ』（岩波書店，2001年）を参照。

第3章
わかる・できる・楽しさのつくり方

1 「わかること」「できること」「楽しい学び」の関係

　子どもにとって勉強が「わかる」「できる」力が身につくというのはどのような姿なのだろうか。また「わかる」と「できる」はどのような関係にあるのか、そして勉強が「楽しい学び」になることをどのように展望すればよいのだろうか。

（1）「わかること」と「できること」
　この問いを考えるためにまず、わが国の教育方法の流れを振り返ってみよう。戦後の教育実践でとくに「わかる授業」が主張されたのは、1970年代の「おちこぼれ」問題が指摘されたころである。「新幹線授業」と批判された授業の進め方、またモノやコトガラについて生活体験の乏しさ（たとえば鮭といえば店頭の「切り身」の状態を思い浮かべて理解する）が子どもから教科内容が「わかること」を奪っていると指摘されてきた。また、分数の操作や掛け算などの計算はできてもその意味を理解せずに、答えが出せる「結果としての学力」の問題点が盛んに取り上げられた。

　知識を単に覚えているだけの暗記学力を身につけたとしても、それはモノやコトガラが「わかる」世界に子どもを導くことはできない。また、受験学力に通用してきた「できる」力が身についても、教科内容を「わかる」ことには至らない。こうした状況から、身についていない学力（メッキのように「剥落する学力」）が問題視されてきた。

　子どもにとって「わかること」とは、いくつかのレベルがある。①教科内容を表面的・感覚的にわかるレベル、②教科の個別の知識をそれなりに理解する

というレベルを越えて、③モノやコトガラを全体的に理解するというレベルである。とくに、③のレベルに至る学びを探究したい。その意味では、先に指摘した1970年代の負の歴史を克服しようとして知識を系統的に指導すれば子どもに「わかる」ことを保障するとはいえない。むしろ基本的な知識の習得が子どもの問題関心と結びつき、また知識の体系が子どもの納得を引き出して、モノやコトガラの世界が全体として理解される学びにまで到達することが求められる。勉強が「わかる」というのはこのような姿なのだ。

「できる」力が身につくとは、子どもが技能・能力に「習熟」する力が育つことである。漢字の読み書きや計算の力、また水泳や楽器の演奏の技能が身につくことも「習熟」の力が形成されたこと示している。この間の教育政策（学習指導要領）でも「活用する学力」の育成が強調され、思考力や判断力とともに表現力の指導が盛んに主張されてきたが、そこには教科内容を「わかる」だけではなく、「できる」ことを含んで学力を育てようとする考え方がある。

こうした「できること」の指導は、知識をドリル式に反復して習熟するという側面がある。それとともに、「活用する力」のように、知識を用いて学習課題に取り組むなかで知識や技能の習熟のレベルが高まるという側面がある。前者の意味での習熟が機械的な練習になるということを批判するあまり、後者のような習熟の意義が忘れられてはならない。このような習熟する力を育てることを通して教科内容への理解がさらに深まり、「わかること」がいっそう確かなものになっていくからだ。「わかること」と「できること」はこうした相関関係にある。

（2）楽しい学びを展望する

わが国の教育方法論の歴史で、「わかる」「できる」という視点とともに浮き彫りにされてきたのが「楽しい授業・学び」の展開だ。この展開を振り返ると、小学校に「生活科」が設定されたこと、詰め込み型の授業ではなく、「ゆとり教育」や体験的学習を保障すること、さらに旧い学力観を越えて新学力観を育て、子どもの「関心・意欲・態度」の育ちを重視することなど、いろいろな教

育政策が進められてきた。それは先に指摘した「活用する学力」の考え方に継続していく。

　私たちが「楽しい学び」のあり方を考えようとするのは,「わかる・できる」力が育つのであれば,「授業は苦しくてもそれに耐えることが大切だ」という理解を批判しようとするからだ。「学びからの逃走」(佐藤学)などと批判されたように, 味わいのない砂を噛むように授業では, たとえ「わからせ, できること」は達成したとしても, 学校で学ぶ楽しさを子どもに届けることはできない。

　しかし, 他方で「楽しい学び」を展望するとき注意したいのは, 楽しさを強調するあまり, 授業が学習活動の表面的なおもしろさで終わる体験主義に陥りやすいことだ。そこでは自然認識や社会認識を深めていく過程で味わう学びの楽しさに至らずに, 活動した体験のおもしろさだけが子どもに残ることになる。このことは通常の学校だけの話ではない。特別支援学校などで展開される障害児の教育では子どもの抽象的思考の困難さが強調され, 教科指導では授業の評価が「楽しんだかどうか」といった基準でなされたりしてきた。たしかに具体的な体験を通した教科の指導は必要だが, 障害児が学びの楽しさを実感するのは, 単に表面的な活動の楽しさではなく, 言語文化の世界や運動文化の世界といった文化の世界にふれることを体験するからである。

　では, 楽しい学びをどう展望するのか。この点で石井は「真正の学習」論を提起して,「学ぶ意義が感じられず, 教科の本質的な楽しさに触れないまま, 多くの生徒たちが教科やその背後にある世の中への興味を失い, 学校に背を向けていっている」と指摘する(石井 2012)。そして, 教科の知識や技能の指導を通して, 知的な発見や創造のおもしろさにふれさせる授業が求められているという。このように, 知識をわかること, そして, できる=技能の習得が知的な発見や創造に結びつく学びをつくる, そこに「楽しい学び」を展望する方向性がある。

2 標準的な学びと楽しい授業

　楽しい授業が展開するには，子どもにとって主体的で参加しがいのある学びの場をつくることが大切だが，どの子にも標準的な学びを強調する今日の授業づくりの傾向はそれに応えているのだろうか。

（1）ユニバーサルデザインの授業の提起

　授業づくりは，子どもたちが学びに主体的に参加することをめざす。この主体的な参加を保障する視点として，学びの場のあり方が問われてきた。教科内容を積極的にわかろうとする主体的な学びには教室で安定して授業に向かうことが求められるからだ。たとえば発達障害児など発達の基盤に課題をかかえる子どもにとって静穏な学習環境ではなく，騒々しい教室では刺激が強く，感覚的に参加できないことも少なくない。そのために集中して静穏な教室での学習を保障することが必要になる。そしてこの配慮は，発達障害児だけのためではなく，クラスの子どもたちみんなに必要とされている。個人の課題をクラスの課題として理解しようとする「クラスワイド」の考え方だ。

　こうした考え方は，「ユニバーサルデザインの授業」として今盛んに取り上げられている。静かな落ち着いた環境だけではなく，教師の説明が理解しづらい子どもには座席を工夫したり，授業に集中しにくい子どものために教室の掲示物を整理したりする配慮がなされてきたのも，「すべての子どもたちにとって必要な」というユニバーサルデザインの考え方にそったものだ。

　さらに「わかる」授業をつくるためには，曖昧な問いかけや説明ではなく，シンプルでしかも，視覚的な情報も入れて指導することなど，教師が働きかける技術についても工夫が求められてきた。その工夫は特定の子どものためではなく，「みんなにわかる授業」を保障するために大切にされてきた。

　こうした授業づくりの背景には，第一にインクルーシブ教育の視点から発達障害児など特定の子どもを教室から排除するのではなく，ともに学ぶ世界をつくろうとする願いが込められている。「わかること・できること」に困難さのある友だちは特別ではなく，その子への配慮は自分たちにとっても必要で普遍

的な課題なのだという意識をもたせようとするからである。

　第二には，これまで障害などを個人の特性として理解し，環境との相互関係で捉えてこなかったことに対する反省がある。「障害児を変えるのではなく，周囲との関係を変えることがこれからの教育の課題だ」という考え方である。そのために学習環境を構造化して，学習に取り組むバリアをできるだけ少なくして，「わかることやできること」にスムーズに取り組めるようにすることがめざされてきた。「わかる状況」「できる状況」をつくり出すことが授業の課題にされてきた。「学習活動を推進できるかどうかは障害児本人の努力次第だ」という考え方を乗りこえて，指導する側の視点の転換こそが必要だという論点は，今広く教師の世界で受け入れられている。

　このような背景をもつユニバーサルデザインの授業論は，「視覚化」「焦点化」「共有化」といった教育方法を提起して，学びの過程を指導することを主張してきた（桂聖　2011）。言語的な指示が理解しにくいという障害特性に即して学習に取り組むための困難さを除く支援としての「視覚化」，曖昧な学習課題ではなく，授業のねらいを鮮明にし，学習活動のポイントを明確に示す「焦点化」，そして話し合いを通して学習活動を共有する「共有化」として広く実践されている。

（2）学びの平準化は「楽しい授業」になるのか

　ユニバーサルデザインの授業論は，障害のある子どもたちを含めて学習に取り組むのに必要な手がかりがないゆえに学びに参加しにくいといった状況を改善するための有効な提起をしてきた。しかし，そこには窪島が指摘するように，教育の「平準化」論が根底にある。「ある等級（学年）の一般学級（学年クラス）で様々な差異に対する考慮と配慮を重ねてもなお個々の子どもの発達権・学習権保障の見地から平準化しえない，すなわちユニバーサル化しえない学習内容と指導方法の例外が存在することは避けられない」（窪島　2014：77頁）からである。

　こうして学びを平準化する考え方は，子どもの障害などの個別のニーズに対

応するとはいえ，ユニ＝同じ方向に子どもを導くという名のもとに，「わかる・できる」世界に到達することに追い込むことになりかねない。「視覚化」「焦点化」の教育方法を駆使してもなお学習に取り組みにくい子どももいるはずだ。

学習活動は，聞く・話す・計算や思いを書くといった多様な仕事（作業）で成立する。こうした作業の手順が「わかり，できる」ことに追い込むのではなく，安心して作業することのできる実感をどうもたせていくのかが問われる。「視覚化・焦点化」などと呼ばなくとも，日本の教師たちは，授業の導入場面で，「教えたいものを学びたいものにする」多様な教材・教具を工夫し，授業で扱う場面についてそのイメージをつくるための手立てを多様に考えてきた。また，発問の工夫で子どもの思考活動を活性化する取り組みはよく知られている。

このように考えると，ユニバーサルデザインの授業論の教育方法は，学びの当事者である子どもたちが「わかる，できる」結果に固執するリスクを背負っている（赤木　2017）。これでは教師の意図に反して，多様な技法で支援されて努力するが，なかなか授業が「わからない自分やできない自分」を味わう場になる可能性もある。それでは授業は「楽しい学びの場」にはならないし，教科内容がわかりたい，できるようになりたいという気持ちを萎えさせる。

困難さのある子どもに必要な支援を徹底して考えること，それはこうした子どもの困難な世界に教師が身をおいて，ともに学びの場をつくり出そうとする共同の営みである。そこでは子どもからも自分に必要な支援を要求していく過程が重視される。こうした共同の過程で教師と子どもたちとが交わり，お互いの信頼を得ていく。この信頼関係の成立が「授業の楽しさ」の基盤になるのだと考える。

「共有化」についても，早くわかった・できた子どもが，理解困難な子どもに教え合うといったレベルで捉えられることが多い。そこには標準的な学力を「補償」するという考え方がある。ここでも「わかること・できること」に固執して早くそこに到達するための手段として話し合いが用いられる。これでは

「クラスワイド」の取り組みといいつつ,「わかる・できる子とそうでない子」の差異がより鮮明になり,学びの場は教科内容を仲間とともに探究するという楽しさを味わうものにはならない。子どもたちの多様な教材解釈が交わり,わかっていた,できていたと思う子どもも,そうではない子どもも新たな発見に至る共同の過程があってこそ,授業は楽しい場になるからだ。

(3) 平準化志向と授業のエビデンス

「わかる・できる」学習の結果を重視する傾向は,PISAなどが盛んに喧伝された時期から学力論の重点課題として取り上げられてきた。その課題は,単に基礎学力の形成というだけではなく,グローバルな社会に生き抜く力として問題探究的に「活用できる学力」が身についたかどうかの成果を引き出すことを求めてきた。活用型の学力も,その力の機能や型ができるように訓練した結果を証拠として示すエビデンス論の下では,私たちが求めようとする学びの結果を保障することにはならない。そこでは,探究に向かって訓練させられる学びが繰り返されるだけであり,学ぶことの楽しさを味わう授業を期待することはできない。こうして平準化された世界に導こうとする動向へのとらわれからいかに解放されていくのかが21世紀の半ばにかかろうとする学校の切実な課題になっている。

そもそも問題探究的な学びが展開する授業は,子どもにとって「楽しい場」になるはずだ。しかし,探究することができ,活用できる力の形成を学びの成果として示すことを意識すればするほど,その結果を容易には出せない子どもにとって授業は苦痛の場になる。本来,こうした活用型の学力の探究過程には,平準化した結果を求めるのではなく,生活の文脈に即しながら知識や技能を活用して問題を探究する個性的な学びの場の創造が求められる。それにもかかわらず,活用と探究ができる力が測定され,その結果が評価されてきた。

こうした傾向の背景には授業指導の効果を証拠(エビデンス)として示すことが要請される今日の状況がある。先に指摘したユニバーサルデザインの授業づくり論は,2007年からの特別支援教育の制度開始から求められる「通常学

級での発達障害児を含む指導」の成果をエビデンスとして示さなくてはならないという状況から提起されてきたと考えられる。通常学級の授業に困難な課題をもつ子どもが早く適応できる状況がつくり出された証拠が求められたからである。この考え方は、エビデンスがよい授業の証拠を示す手段として位置づけられ、学習の場に適応できる授業過程の総体を評価するという発想には立たない。

特別支援教育の対象である特別支援学校や特別支援学級の授業においても、「楽しく主体的に授業に取り組む」といった教師の主観に頼る目標の提示は、エビデンス重視の動向のなかで批判され、具体的で客観的な行動目標（○○ができる）を記載することが強く求められるようになってきた。もちろん、障害のある子どもたちに知識や技能の獲得は重要な課題である。しかし、その学びの過程の成果は、単に「わかる・できる」ことをチェックすればよいのではなく、どう教材文化の世界に参加しようとしたのか、子どもたちの学びの質とともに評価されなくてはならない。

3 「楽しい学び」をつくるポイント

それでは、「楽しい学び」をつくるにはどのようなことに留意すればよいのだろうか。初等教育や中等教育、また特別支援教育とその取り組み方は多様にあるが、共通して必要なポイントは何だろうか。

（1）子どもの「問いとイメージづくり」から楽しさは生まれる

「わかる・できる世界」とともに「楽しい世界」を体験する学びをつくる、それには子どもの問いを大切にしたい。この点では、理科の仮説実験授業のように子どもの生活実感からの仮説を大切にした問いから学びをつくる取り組みなどを振り返ってみたい。

ここでは、答えがはっきりしている算数で「子どもの問いやイメージを大切にする」とは何かを考えたい。計算の指導ではつい「できること」に目が向きやすいからだ。1（1）で述べたように、「おちこぼれ」問題への対応から

「ゆとり教育や体験学習」が強調されたが，その「弊害」（基礎学力の低下）が指摘されてその対応が求められてきた。計算などの技能に習熟することは授業の大切な任務だ。この「習熟」の意味を問いかけた取り組みに渡辺実践がある（渡辺　2004）。渡辺実践では，小学校の1年生が掛け算について「どうして掛け算というのか」と疑問を出してくる。そこで「電話をかける・洋服をかける・塩をかける…」と「かける」言葉を探しながら，「同じずつあるとき」の掛け算と「布団をかける」イメージが共通することを発見させていく。ここには，疑問を大切にしながらイメージを探る楽しい学びがあり，それが掛け算を「わかる」こと，「できること」につながっている。国語の授業でも，渡辺はたとえば「平がな」の学習で書き方だけではなく，それを使って自分の生活や思ったことを表現する学びを大切にした。「と」の学習で言葉集めをするなかで「とんとん」というイメージ言葉が集められ，実際に包丁で切ったりする体験をくぐらせている。

　同じく小学校の古関実践では「当たり前のことの指導はどうするの？」（毎日のように指導するがなかなかむずかしい漢字などの学び）を実践の課題にしている。（古関　2016）そこで古関は，たとえば「慣」の書き順を指導しつつ，熟語として「習慣」を取り上げ，「新しい先生に慣れる」など，子どもが熟語の世界を楽しみ，「古関先生は，朝の散歩のとき，きれいなお姉さんを見つめる習慣があります」などという短文づくりを子どもたちとともに楽しんでいく。図形の学習での切紙遊び・古文では百人一首・社会科では自動車製造競争など，遊びの世界が学ぶ楽しさに子どもたちを誘う。

　「生き生きとした学びが生まれる教室づくり」に取り組んだ植田実践では，三角形の授業で，「三角形はどうやって使うのか？」と子どもが疑問を出してくる（植田　2016）。そこで「三角形は形のはじまり」という学習内容を構想する。「一角形の二角形もないよ」「七十角形を書いてみた」と形のおもしろさに次第に気づいていく授業だ。

　このように教科内容に取り組む子どもの側に問いやイメージづくりを大切にする考え方は，教育学では「学びと生活の結合」という原則として重視されて

きた。植田実践の理科の授業では,「てこの働き」を「てんびん」などが事例にあげられてきたが「お好み焼きのヘラ」などで支点,力点,作用点を指導したり,「太陽の光と熱」の学習では,「ストーブ近くに置いた水とひなたに置いて太陽に温められた水」の比較を通して太陽の光と熱を実感させようとしたりしている。

　アクティブ・ラーニングや問題探究的学びが盛んに要請される時代でも,こうした基礎的な学習は学校で繰り返される指導である。それだけに改めてこうした分野の学びを楽しく展開する試みが求められている。

　特別支援学校で自閉症児の国語を指導した高井実践では,「かいだん」という詩を 11 人の子どもとともに音読して身体表現する授業を展開した（高井 2014）。ある子は授業後に階段を昇り降りしながら詩のフレーズを口ずさむ姿を見せる。そのことを高井は「いつも目にする階段を見る目が変わった」と評価している。ここには教室での学びが自閉症児の生活と連続し,そこに学ぶ楽しさがあることが示されている。通常学校の子どもとは学ぶ場は異なってはいても,「学びと生活の結合」という原則では共通し,その原則に支えられた授業展開が楽しさを生みだしている。

（2）教科観の転換を通して「世界を探究する楽しさ」をつくる

　日々の授業は教科ごとに展開する学びだが,教科内容を「わかる・できる」だけでは楽しい学びにならない。個別の教科が世界を探究するための「窓」だとすれば（廣瀬　2015），その窓を手掛かりにして,その向こうにある世界を探る過程にこそ学びの楽しさがあるのだと考える。それは教科観を転換する試みである。よく取り上げられてきた実践を紹介しよう。

　中学校の数学では小寺実践が「地球温暖化と統計の方法」を課題として取り上げて,「平均気温の上昇と雨の量」を調べながら温暖化がもたらす影響を探らせていた（小寺　2002）。地球環境問題に迫るとともに子どもたちの数学観を問い直す試みであった。高校では仲本実践が「現実世界を読み取る数学」を試み,指数関数の学びを「サラ金」という現実の出来事とかかわらせて展開して

いる（仲本　1995）。仲本実践は「意外性のある教材が数学嫌いのバリアを破る」として，数学への苦手な生徒だからこそ，現実の世界を探究することに教科が深く関与していることを大切にしてきた。ここでも既存の数学という教科観を転換する視点がみられる。仲本には「おちこぼれ」問題が盛んに議論された 1970 年代に数学の苦手な生徒を対象に「微分・積分」の世界を探究した実践がある（仲本　1982）。そこには数学の世界の探究とともに，数学を通した自分づくりの指導が意識されていた。「おちこぼれ」問題という時代の流れにどう対峙するのかという問題意識に支えられた実践だといえる。それは先にあげた小寺も同様に地球環境という現代的課題に対峙しようとする試みである。

　このように教科という窓を通して世界を探究する過程は，教科に対する子どもたちの価値観を転換する意義をもち，それが学ぶことのおもしろさや楽しさに結びついていく。そこには教師自身のなかにも時代の流れと教科指導とを結びつけて授業を構想しようとする強烈な問題意識があった。最近では地震や津波といった自然の大災害という状況のなかで，高校の理科も，単に物理・化学・生物・地学という領域ではなく，海洋教育という課題を設定して，海洋という総合的なテーマに挑む意義も指摘されるようになった（福島　2012）。ここにも高校生に自然の探究に挑む学びを通して教科観を転換させようとする意図がうかがえよう。

（3）問いに開かれ，認識活動の枠組みを意識する学びが，世界を探究する楽しさに導く

　授業に関心と意欲をもつ主体的な子どもに育てるための工夫は多様になされてきた。古くは「主体的学習」論，最近ではディベートやアクティブ・ラーニング，言語活動の充実など枚挙に暇がなく，学習を問答や討論の過程として指導する意義が主張されてきた。しかし，そこでの問答や討論がすでに結論づけられた世界に至るための手段として位置づけられるのであれば，たとえ活発な学習活動をみせたとしても，「わかること・できること」を探究する楽しさを指導することにはならない。

私たちが問答・討論のある学びに注目するのは，問いに開かれた認識活動を媒介にすることが，子どもたちを学ぶ楽しさに導くと考えるからだ。この点では，テーマ性のある学びを追求してきた総合的な学習の時間が意義をもつ。同時に，個々の教科指導が問いに開かれた学びとして進められるかがポイントになる。

　そこで高等学校の社会科の実践としてよく取り上げられてきた加藤公明実践を紹介しよう（加藤　2004）。加藤の歴史の授業では，「信長と一向一揆の戦い」が教材化され，両者が10年以上も熾烈に戦った過程を探究する学びが展開されていた。そこでは，この戦いの原因について生徒からの仮説として「宗教戦争 vs 政治体制論」が討論される。そして「一向宗門徒にとって延暦寺焼き打ちとは？」という問い，「なぜ一向宗だけが信長と戦ったのか？」という問いが次々に出されてそれらが討論の軸になっていく。問いがさらなる問いを生む学びの過程が，歴史認識・歴史に対する立場の意識化を促している。それは単に事実を押さえる伝統的な授業とはちがう討論のある楽しさを体験するとともに，歴史を主体的に探究する学びの楽しさを味わうことになっている。

　ところで，先に「結論づけられた世界を探究する討論」の問題点にふれたが，逆に多様な認識—子どもたちの意見—をどれも大切だとする相対主義的な視点からの討論では，学びの楽しさに導くことはできない。この点で，この加藤の歴史の授業で重視されたのが「どちらが根本でどちらが派生か」という問いかけだった。ここには討論を展開するための仮設と問いかけがさらに鮮明にされ，認識する枠組みとしての「根本と派生」が生徒の主体的な学びをさらに促進させている。「これらの関係を因果や次元，階級などの概念で捉えることで総合的で構造的な歴史認識」が可能になり，歴史の学びに対する生徒の価値観を転換するという主体的な学びをめざす試みだといえる。

　「社会科はコトガラを覚えるもの」という価値観を転換するとともに，世界を探究する認識の枠組みを身につける，それは単に形式的な思考の訓練という意味ではなく，次々に学べば学ぶほど問いが生まれるという思考の大切さと認識の枠組みである仮説を生成することの意義を生徒たちに実感させる取り組み

でもある。そして，この節で指摘した「学びと生活の結合」という原則が，学びに誘う単なる手段ではなく，学ぶ主体である子どもの生活の文脈と結びつくという意味でもある。加藤実践では，先にあげた社会科の歴史授業のなかで，ある生徒は9・11のテロ事件と結びつけ，自分の海外体験と結びつけて思考するまでに至っている。自分の生活そして世界のコトガラとを結びつける多様な教材解釈に子ども自身を拓いていく学びが，討論のある授業の意義であることを示している。

4 楽しい学びの場を生成する

　教室が楽しい学びの場になるには，安心して学べる集団をどう生み出すが大切だ。楽しい学びの場を生成するためのポイントは何だろうか。

（1）学級づくりを基盤にして楽しい学びの場を生成する

　日本の学校は学年制のもとに同じ年齢集団で進められる授業が基本である。そのために先に述べたように「平準化」した世界での学びが当たり前のようになっている。しかし，発達や生活に多様な背景をもつ子どもたちで構成されているのが学習集団だ。それだけに多様な差異のある子どもたち，とくに「わかる・できる」ことの苦手な子どもたちにとって，そこに追い詰める場が楽しくなるはずはない。

　楽しい学びの土台には，苦手ではあっても安心して学びの場に参加できる集団がなくてはならない。先に取り上げた渡辺は，「先取りしている子も，理解のゆっくりの子も，みんな同じ地平に立って新しい『知』の世界を獲得する学び」が大切だとする（渡辺　2004）。しかし，子どもたちの間の差異がかつてより鮮明になっている今日，こうした学びの場をつくるのは容易ではない。渡辺は，学習に参加しにくい子が「まんざらでもない自分」を発見する，そこに他者が介在する場が丁寧に時間をかけてつくられている。たとえばそれは，○学級内クラブの取り組みを通して心と体を開き，関係を育てる指導，○教室を飛び出して世界を探究する学びの場をつくる指導，○推論し想像する過程に導こ

うとしても動こうとしない子の参加を1時間の授業で考えるのではなくじっくりと待つ姿勢である。

　中学生でも安心できる学びの場づくりが課題だ。「クラスにもご近所づきあいがある」として学びの集団をつくろうとした高原実践では，たとえば俳句の授業で，1つの俳句で「一番ひっかかることばはどれ？　線を引いてください」と指示し，周囲の人と交流させる（高原　2012）。どう答えてもいいので気楽な交流になるという。また漢字の小テストの答え合わせを隣の子どもと交換するときに「一言メッセージ」を書いて互いの気持ちをほぐす試みなど，中学生であっても安心できる教室空間がつくられていく。

（2）長い見通しで楽しい学びの場を生成する

　安心して学びに取り組める教室をつくる，それは一気にできるものではない。4月から始まる授業づくりのなかで意識的に取り組んだ結果として生まれるものだからである。学びの場を「生成する」と述べたのも，長い見通しをもった取り組みが必要だからだ。高原は，国語の授業で金子みすずの「わたしは不思議でたまらない」という有名な詩を取り上げて，普通と違うところを生徒に発見させていく（高原　2010）。その意図は，①誰でも参加できるところからスタートし，国語の抵抗感を払拭する。②何気ない発見から深まる読みのおもしろさの体験をつくる。③自分の疑問や考えを自由に交流できる雰囲気を広げることにあった。そして，学習班や学習リーダーを意識的に指導し，班の仲間に「どう？」と問いかける初歩的な関係づくりから始めて，丁寧に安心して学ぶ教室をつくろうとしている。

　高原実践では，金子みすずの詩について，「わたしは」の「は」を教師の読み（誇らしいわたし）とは異なり，「他の人とは違う，自分ひとりだけが不思議さを感じる＝寂しい」という読みが出てきた。こうした異質で多様な解釈が出される場を教師自身が評価していることに注目したい。教師は指導者でありつつ，ともに学びの場を構成する一人として授業に参加する，この指導姿勢が子どもたちにとっても安心できる学びの場を意識する鍵になるからだ。

このように4月から教科の学びへの抵抗をなくすとともに安心できる仲間関係をじっくりと，しかし意識的に指導する過程を通して，次第に子どもたちのなかに学ぶことの楽しさの底にあるものを意識させることが必要だ。それは今日の子どもたちに対して「互いを聴きあう」関係の大切さと，学びの場は教師を含めて自分たちのものだという意識をじっくりと育てていくことである。

　ところで，障害特性に応じた個別指導が主流になっているのが特別支援学校の授業だが，先に紹介した高井は，あえて集団のなかでの学びに力点をおいた。そこには「安心できる学びの場」をつくる努力が欠かせない。しかし，とくに障害のある子どもたちは，教室が安心できる学びの環境・雰囲気かどうかを敏感に察知するだけに，仲間とともに学ぶ楽しい雰囲気を長い見通しをもって丁寧に紡いでいくかが課題になる。

　こうした視点はアフォーダンス論として指摘されてきた。この論理は障害児の指導でも大切にされ，とくに教室が安心できる環境になるような物理的な構造（刺激に敏感な環境を避けるなど）を用意することが主張されてきた。同時に，環境としての人の関係にも力点がおかれてきた。それは「たとえ自閉症の子どもであっても，人やものの関係性を調整」し，「そこにいる人から影響を受け，なんとなく活動（学習）してみようと思えるような状況をつくりだす」指導の視点である（新井　2014）。

　しかし，人間関係－社会性の発達でとくに課題の多いとされる自閉症児にとってこうした指導には困難さを伴う。それだけに環境の整備といっても，２でふれたような「問題を起こさないような工夫」で「安心できる教室」をつくりがちになる。もちろん，こうした視点は自閉症児の指導では留意しなくてはならないが，「人からの影響」を肯定的に受け止める力を育てる―そこには問題となる行動を示しつつ，自制心が育ち，仲間とともに活動する自分をつくる丁寧な指導が不可欠―取り組みを通して，楽しい学びの場を感じとることができるようになる。

　このように考えると，特別な支援の必要な子どもの指導が提起するものは，通常の子どもたちの指導にも共通して問われる課題だといえよう。「全員の子

どもが楽しく学習に参加できるために学習班を置いて，学習のルールを決めて守る」といった指導も必要である。しかし，そこではどうしても「参加することよきもの」という考え方に囚われてしまう。障害児の教育が示すように，楽しい学びの空間がどう生成できるのかを問うことが必要である。

（3）学びへの願いに応える―decent な学びをつくる
　この節で検討してきた安心して学べる空間をつくろうとするのは，それがこれまでの各節冒頭の疑問で考えてきた学びの意義の基盤になるからだ。その意義は，1985 年の「学習権宣言」にみるように，子どもたちが「問い，想像し，創造する学ぶ権利の主体」として育つことをめざすところにある。こうした学びへの願いに応えることが今日の授業づくりの課題である。そのために求められる課題は何か。それは学校での生活全体が学びに開かれていくことだ。先に紹介した渡辺実践では，朝の会の「みみずがいる畑はいい花が咲く」などという発表が発展して総合的な学習への意欲を駆り立てている（渡辺　2017）。また，教室を飛び出す算数などを通して「小さな問いを大きな学びにする」視点から学びが展開されている。初等教育の段階で大切にされてきたこうした視点は，教師と子どもが自分たちの学びの内容を意識するというカリキュラムづくりに参加することだといえる。
　本章では特別なニーズをもつ子どもの議論も検討したが，たとえば学習障害（LD）と呼ばれる子どもたちは読み書きや計算などが「わかる・できる」ことに大きな困難さをもつ。それだけに個別の指導を通して「わからなさ・できなさ」を克服する取り組みに陥りがちだ。この分野で早くから実践を展開してきた見晴台学園では，「生徒とつくるカリキュラム・授業」が大切にされ，自分たちの学びの内容について話し合う場が設定されていた（見晴台学園　2006）。そこには単に人間関係ではなく，学びの場をつくる仲間とともに自分たちに必要な学びの内容を意識化する視点が示されている。学齢が高いという点もあるが，学ぶ楽しさの背景には，こうして学びの内容＝カリキュラムを意識化する過程がある。先にふれたが，通常の学校においては，スタンダード化の流れの

なかで，こうして自分たちの学びの内容を意識化するための取り組みは進んでいない。それだけに，特別な支援の場での学びづくりの提起は，通常の学校での学びを問い返す大切な課題を示しているといえよう。

　子どもたちの学びの願いに応える，それの課題は単に学びを通して人間的な発達を保障するというだけではなく，学びの当事者である子ども自身が「発達することを学ぶ」（西垣　2016）授業をどうつくるかにある。「わかる・できる」世界とともに「楽しい学び」をつくりながら，西垣が指摘する誇りある教育と学習（学び）= decent な学びを追究することが求められている。主権者として学び，偏見や差別を克服し，理解と共感のために他者・文化について学び，自らをとりまく社会について広く学んで自己認識を深め，自らと他者の権利を守ることなどの理念を基盤にした学びをつくる仕事が私たちには課せられている。

深い学びのための課題
1. 自分が専攻する教科や，興味のある教科について，「わかる・できる・楽しい授業」をめざした実践記録を探し，学んだこと整理し，考察してみよう。
2. スタンダード化された授業やユニバーサルデザインの授業が取り上げられる背景や問題点を話し合い，考察してみよう。

参考・引用文献
赤木和重（2017）「ユニバーサルデザインの授業づくり再考」『教育』2月号，No. 853，かもがわ出版
新井英靖（2014）「学習しやすい環境はどのようにつくるの？」湯浅恭正・新井英靖・吉田茂孝編『特別支援教育の授業づくりキーワード』明治図書
石井英真（2012）「習得・活用を実現する授業とは―「教科する」授業の創造」『月刊　高校教育』5月号，学事出版
植田一夫（2016）「生き生きとした学びが生まれる授業づくり」竹内常一・子安潤・坂田和子編『学びに取り組む教師』高文研
桂聖（2011）『国語授業のユニバーサルデザイン―全員が楽しく「わかる・できる」国語授業づくり』東洋館出版
加藤公明（2004）「生徒が主体的に考える歴史の授業―信長と一向一揆が11年間も熾烈に戦ったのはなぜか」『教育』4月号，国土社
窪島務（2014）「特別ニーズ教育の今日的課題と『インクルーシブ』教育論の方法論的検討」『SNE

ジャーナル』20，文理閣
古関勝則（2017）「当たり前のことをどのように指導する？　漢字の指導法と小数のわり算」『全国生活指導研究協議会会員通信』207号
小寺隆幸（2002）「数学を通して世界と出会う」『生活教育』6月号，星林社，No. 643
高井和美（2014）「こどもが『わかる』を大切にした授業づくり」難波博孝・原田大介編『特別支援教育と国語教育をつなぐことばの授業づくりハンドブック』渓水社
高原史朗（2010）「四・五月の授業から―『対話の生まれる授業』をめざす」『生活指導』2月号，No. 675，明治図書
――（2012）「『ご近所』を育てよう」『生活指導』10/11月号，No. 704，高文研
仲本正夫（1982）『自立への挑戦―ほんものの学力とは何か』労働旬報社
――（1995）「現実の世界を読みとる数学」『講座　高校教育改革―学びの復権―授業改革』労働旬報社
西垣順子（2016）「発達を織ってゆくことの意味と意義」中村隆一・渡部昭男編『人間発達研究の創出と展開』群青社
廣瀬信雄（2015）「教師の『主体性』を問い直す」成田孝・廣瀬信雄・湯浅恭正『教師と子どもの共同による学びの創造―特別支援教育の授業づくりと主体性』大学教育出版，72頁
福島朋彦（2012）「海洋教育の普及を目指して―初等・中等教育と高等教育のつながりを考える」『日本の科学者』Vol. 47. No. 7
見晴台学園研究センター（2006）『LD・ADHDが輝く授業づくり』クリエイツかもがわ
渡辺恵津子（2004）「低学年だからこそ豊かな『習熟』観をもって」『教育』6月号，No. 701，国土社
――（2017）『競争教育から共生教育へ』一声社，104-106頁

第4章
探究する授業をつくる

1 探究するとは
（1）探究から広がる学び

　近年，にわかに「探究する授業」に注目が集まっている。以下に，子どもたちが探究する1つの授業風景を描いてみよう。

　ある過疎の地域で総合的な学習の時間に取り組まれた4年生の「川」の実践がある（中野　2017）。この地域では，ダム建設や自然災害や観光のための公園化計画による護岸工事などが行われてきた。そのため，子どもたちは川で遊ばなくなっていたが，教師に誘われ，川遊びを始める。川と出会った子どもたちは有志で「川探検クラブ」をつくり，川下りをしたり，魚捕りをしたりし，魚をはじめさまざまな生き物を教室に持ち込むようになった。そして，川の水が汚れていることや魚などの生き物が少なくなっていることに気づき，疑問をもちはじめる。

　「先生！　みんなで昔はどんなだったか調べよう」と，子どもたちは川を探究しはじめた。それまで，家が離れておりそれまで交流が少なかった地域班で調査に出かけ，調べた結果をもち寄り，疑問を整理してはまた川に出かけた。手分けしてお年寄りに聞き取り調査をするなど，のめり込むように川について調べていった。そして，「開発か自然保護か」という地域の課題があることを知る。それは，世界共通の課題であった。真剣に調査する子どもの姿をみて，一人の父親から手紙が教室に届く。手紙には，護岸工事は過疎の村に雇用をつくり出すためでもあることが綴られていた。子どもたちは現実，すなわち護岸工事に象徴される地域開発の意味を知る。「遊び場としての川」という子どもの立脚点に立ちながらも，雇用の必要を知った子どもたちは，「護岸工事しか

たがない派」と「護岸工事はしかたがなくない派」に分かれ，議論は紛糾する。そのとき，子どもたちのなかにある2つの見方とジレンマを乗り越えるように，えみという子が「コンクリート護岸をはがし，魚が住める護岸にする工事をしてはどうか」と言い出す。「川救出大作戦」に乗り出した子どもたちは，「自然保護のための地域再開発」というアプローチがドイツなどの環境先進国ですでに実施されていることを知る。

　子どもたちは，村の有志で結成されていた「水質を考える会」のメンバーや役所の人と意見を交流する。さらに，わかったことや考えたことを劇にして学校の文化祭で上演したり，村の文化祭で展示したりして，地域の一員として自分たちの意見を表明していった。その活動は，「川と自然を考える会」という有志組織を結成に発展し，川下りとともに引き継がれていった。

　川の学びは，子ども同士のかかわりとそれまでの学校や村の生活をつくり変える取り組みとなった。川の探究に参加した子どもたちは，人生の節目節目で，地域の課題について考えながら生きることになった。

（2）探究的な学習の重視

　2008年に告示された学習指導要領では，「思考力・判断力・表現力等の育成」のために，各教科等の指導のなかで「知識・技能を活用する学習活動」を充実させるともに，「総合的な学習の時間」において「教科等を横断した課題解決的な学習や探究的な活動」を充実させることが求められた。さらに，2017・2018年に告示された学習指導要領では，「総合的な学習の時間」の目標に「横断的・総合的な学習や探究的な学習を通して，自ら課題を見付け，自ら学び，自ら考え，主体的に判断し，よりよく問題を解決する資質や能力を育成するとともに，学び方やものの考え方を身に付け，問題の解決や探究活動に主体的，創造的，協同的に取り組む態度を育て，自己の生き方（高等学校は，在り方生き方―筆者注）を考えることができるようにする」と記されている。さらに，高等学校では，「古典探究」や「数理探究」など「探究」を冠した科目名が示された。こうした動きの背景には，「知識基盤社会の到来」と，コンピ

ンシーやリテラシーと呼ばれる新しい能力，すなわち汎用的な資質・能力の必要という捉え方がある[1]。

しかしながら，探究型の学習は，デューイにより重視され，日本では大正自由教育運動や戦後の生活教育において「プロジェクト活動」という形ですでに注目されてきたものである。

本章では，デューイや日本で提唱されたプロジェクト活動における探究を念頭におきつつも近年の動向を中心に論じる。とくに，探究する授業の意味を示しつつ，探究する授業をどのようにつくっていく必要があるのか。また，探究する授業において注意しなければならない課題について検討することとする。

（3）探究を必要とする学習観

人間が生きる世界は，人々がともに生き，長い年月をかけてつくり上げられた社会的・文化的な共同世界である。さまざまな人がいて，それぞれに立場や役割をもって生きており，そうした人間の世界は，さまざまなモノがあり，その1つひとつに名前がつけられ，使い方がある。日々さまざまな出来事が生じており，そのような世界を人々がともにいきるためにさまざまな約束事がつくられ，さまざまな科学的知識が発見されてきた。つまり，私たちは意味や約束に満ちた社会的文化的共同世界に生きている。だから，探究の過程で，協同で調べたり，対話や討論したりすることを通して，子どもたちすなわち学習者一人ひとりが既有の知識をもとに，自分たちで意味を構築していくことが必要になる。このような捉え方を「構成主義」の学習観という。

探究的な学習あるいは探究的な活動により，実生活の問題について子どもがたどりつくべき答えを限定せずに，可能性を模索し，結論が正しいかどうか，子どもたちが自分たちで検討し分析し，次の学びにつなげていくのである。そうすることで，自分たちで考え，物事をちがう角度から批判的にみたり，探究することの意味を実感したりしていくことになる。実生活において，疑問や関心をもち，広い視野と多様な視点で世界をみることができるようになり，またそれが刺激と経験となり，探究的な学習を支えていくことになる。

このような学びのプロセスを最初に明示したのは，ジョン・デューイである（デューイ／橋本・田中　2012）。デューイは，知識が頭のなかにただ蓄積されることではなく，知識技能がよりよい生き方を求める実際の生活や体験学習における「問題解決（課題達成）」の過程において「生きて働くこと」，つまり知識技能が反省的（reflective thought/thinking）に活用されることを重視し，「反省的思考」の過程を次のように示した。

①問題（課題）の把握
②事実の観察，問題の構造の整理
③予想や仮説による問題解決（課題達成）の示唆
④仮説を緻密なものへと練り上げる推論
⑤証拠による検証

　デューイは，5段階の反省的思考を伴う問題解決の過程を「単元」（学習活動のまとまり）と見なした。これは，キルパトリックらによりプロジェクト・メソッドとして引き継がれ，プロジェクト学習と呼ばれてきた。

　ただし，デューイは，この問題解決の過程を目的に首尾よく到達する過程ではなく，試行錯誤や想定された手順を逸脱しながら進むからこそ，熱くなる「専心活動（作業）」（occupation）の過程と捉えていた。専心活動とは，単に夢中になって取り組む活動というだけではなく，活動の目的が個人の狭い意図を超え，自分の経験が他者や他の生命の経験へ，また過去や未来の経験へとつらなり，よりよい生の姿，すなわち「社会的生活」（協同性）を暗示すると捉えていた。それでこそ真に解決すべき問題を立ち上げ，真の反省的思考を展開できるというのである。冒頭の川の探究は，それが可能であることを示している。

2　探究する授業へ

（1）探究過程の2つのタイプ

　近年，必要と論じられている探究過程には，2つのタイプがみられる。1つは，教科横断的なテーマ学習，つまりは「総合的な学習の時間」に実施されるような探究的な学習である。これは，上述の「プロジェクト学習」とほぼ同義

と考えてよい。もう1つは，教科の基礎的知識・技能の習得やその活用の際に必要とされる探究的な学習である。

2018年に告示された学習指導要領と，その作成に向けてまとめられた「論点整理」では「習得−活用・探究」と記されている。その意図は，基礎的基本的な知識を習得したあとに，それを用いて，問題を解決する際に探究的な活動を行うことにある。しかし，基礎的な知識の習得には，知識の妥当性を問い，確かにそうであると検証したり，納得したりするプロセスを必要とする。基礎的知識の妥当性を問う探究の過程で知識の習得が経験され，また探究により基礎的知識が確証・再構成されると考え，本章では「習得・探究・活用」としておく。

このタイプの学習をプロジェクト学習（project-based learning）と区別して，問題解決学習（problem-based learning）と呼ぶことがある。両者はともに，①実生活の問題解決に取り組む，②問題解決能力を育てる，③解答は1つとは限らない，④学習者が自ら学習を進める，⑤協働活動を伴う，⑥構成的なアプローチをとるという点で類似しており，あえていうなら，両者の違いは，以下のとおりである（溝上　2016）。

プロジェクト学習では，実生活に関する解決すべき複雑な問題や問い，仮説を，プロジェクトとして解決・検証していく。これに対して，後者の問題解決学習は，実生活で直面する問題の解決を通して，基礎的知識と実生活とをつなぐ知識の習得，問題解決に関する能力や態度などを身につける側面をもつ学習といえる。いずれの場合も，じつは後述するポイントが重要になるが，ここでは2つのタイプの探究的な学習について，展開過程や留意すべき点について，まずは述べることにしたい。

（2）探究的な学習の展開

探究的な学習とは，どのような学習だろうか。あるテーマや課題のために教科横断的に行われる探究を取り上げ，探究的な学習のイメージを描き出してみよう。ここでは，「総合的な学習の時間」に求められる学習のスタイルと展開

をみておきたい。

「総合的な学習の時間の改訂の趣旨を実現するためには，問題解決的な活動が発展的に繰り返される探究的な学習とすること，他者と協同して課題を解決する協同的な学習とすることが重要である」（中教審答申2010）と記されており，以下の4点が必要であるとされる。

第一に，探究の過程は，連続的に展開されていくものである。探究的な学習のイメージは図4.1のように示されている。

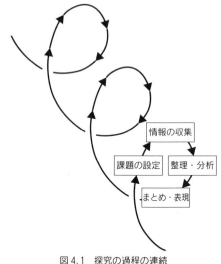

図4.1　探究の過程の連続
出所：文部科学省（2010）

第二に，探究の過程は，基本的には，「課題の設定」「情報の収集」「整理・分析」「まとめ・表現」の4つの部分で構成され，展開される。だが，このように定式化できるわけではなく，この順番で進むわけでもない。

「情報の収集」と「整理・分析」が交互に何度か展開されると捉え，それが可能であるように探究的な学習を構想しておくことが必要である。

冒頭の川の探究の場合も，子どもたちは川で遊んだり，魚釣りに出かけたりするなかで，また大人たちに昔の川の話を聴いたりするなかで，「川底に赤土がみえ，川が汚れてきている」「魚が少なくなっている」ことに気づいていく。さらに川を調べるなかで，「開発か，自然保護か」という真の課題がみえてくる。それなりの「情報の収集」と「整理・分析」を経て，子どもたちは川の課題に迫ることができるのである。それゆえ，探究の過程で，課題は何度も設定しなおされ，そうすることで課題が深まり，探究自体が深まっていくのである。

したがって，第三に，探究の過程を通して，自らの考えや課題が新たに更新され，探究の過程が練り直されていくことが重要である。

川の学びでは，川の調査を通して，「地域開発の問題」の見え方が次々更新

されている。そのたびに，子どもたちは話し合い，課題を「整理・分析」して捉え方を更新している。課題の真の姿を捉えるには，このように課題の見方や捉え方を深めていくプロセスが不可欠である。

ところで，第二の点としてあげた探究の過程の「課題の設定」「情報の収集」「整理・分析」「まとめ・表現」の４つの部分では，下記のことが重要になる。

①「課題の設定」では，子どもたちが体験活動を通して，課題を意識化することである。そのため，日常生活や社会への子どもの疑問が耕され，そこから課題が発見されていく必要がある。先の川の学びに登場する子どもたちは，ダム建設や護岸工事により川から離れ，川で遊ばなくなっていた。教師は，子どもを川に誘い，川で遊ぶことから始めている。子どもたちが，川に出会い，川で遊びはじめたからこそ，疑問をもち，調査し，課題を意識化し共有していった。川を自分の生活の一部にした子どもたちは，当事者として，課題について調査と議論にのめり込むように参加していった。

また，②調査による「情報の収集」と，③調査結果の「整理と分析」も，子どもたちが自覚的に行う必要がある。そのために，「整理と分析」のあと，調査をしなおすことを前提に，調査活動を想定しておくことが必要である。調べるなかで，課題が明確になり，必要な情報がわかってくるからである。理科などで調査・実験で検証する場合は，何度も調査・実験することを想定し，そのことを授業の要件として考えておく必要がある。つまり，探究の方法やプロセス自体が，探究に取り組む過程で子どもに発見されていくのある。これを「メタ認知」という。このことは，探究活動を表面的なものに終始させないためにとくに重要である。そうでないと，探究は深まらず，意味をなさないからである。

最後の④「まとめ・表現」では，子どもたち自身の表現をつくり出すように，また表現する場を考える必要がある。冒頭の川の学びでは，子どもたちは，川の自然環境を守るための新しいアプローチを発見したあと，村の大人がつくっている「自然を守る会」で話を聴いてもらい，また探究のプロセスと発見した新しいアプローチの必要を劇にして学校の文化祭で上演し，さらに村の文化祭

では展示で表現している。

これらの取り組みは，子どもたちの村づくり，すなわち地域社会制作への参加／関与といってよいであろう。学びが生活や地域を変えていく手応えは，子どもたちが学ぶ意味を実感する瞬間になる。

探究の過程の各要素について，どのような方法が存在するかについては，中教審答申のなかで，具体例が示されている。

(3) 協同的活動の重要性

探究のプロセスには，不可欠な要件がもう1つある。上記の4つの要素を含む展開場面において，不可欠であるのは，協同的活動である。協同的活動は，次の点で重要である。

1つ目は，多様な情報を収集し，活用するためである。

2つ目に，異なる視点から考えるためである。

私たちが生きる世界は，多くの人の体験や感じ方に照準を合わせてつくられてきたため，「標準」とされる方法や見方・考え方が流通していることが多い。それゆえ，マイノリティ（少数派）の視点に立ち，考えることが必要である。たとえば，川の学びでは，「護岸工事はしかたがない」と認識されてきた。それに対して，川で遊びはじめ，川を生活の一部とした子どもたちのなかに，「子ども」としての位置（＝周辺）に立ったからこそ，「護岸工事はしかたがなくない」という見方が提出され，「川の自然保護に役立つ，護岸を壊す工事をする」という発想が生み出されたのである。

3つ目に，子どもたちの出会いなおしや関係づくりを促進するからである。

冒頭で述べたように，探究的な活動や学習は，子どもたちが自ら意味世界を捉え，構成していく，あるいは構成しなおしていくための方法である。私たちが生きるこの世界は意味や約束にあふれている。意味世界は他者とともに構築されていくものであり，構築しなおしていくものである。言い換えると，人は，モノや事象を媒介にして，モノ・事象と他者との関係のなかで，他者ともモノ・事象とも出会いなおすことができるのである。

川の探究では，川を媒介にしてこれまで一緒に遊んだり活動したりすることのなかった子どもたちが一緒に活動を始めた。学級で溶け込めずにいた子どもも回りの子どもも出会いなおし，居場所をつくり，地域の一員として成長していった。探究の過程を，協同推敲の過程として捉えておくことが必要である。

　なお，冒頭では，子どもたちが課題を共有し，調査に乗り出していく探求過程を記したが，「興味の複合」(佐藤　1995)という捉え方をするならば，探究の過程を一人ひとりの調査過程として描くことも可能である。その場合も協同の過程は重要である。たとえば，セバスチャン・フレネの考え方でつくられた実験クラス（中学校）の授業では，どの教科でも，子どもが個別学習で作成したレポートなどが発表され，協同推敲がなされる。各教科の授業時間と個人学習の時間があり，後者の時間に子どもたちが作成し，各教科の授業で発表して協同推敲がなされる[2]。それが可能な時間割を組む必要があるが，そのような形で取り組むことも可能であることを指摘しおこう。

(4)「習得・探究・活用」の場合の展開

　教科の学習では，基礎的基本的知識の習得・活用においても，上記の探究のプロセスが求められるが，先に述べたように実生活で直面する問題の解決を通して，基礎的知識と実生活とをつなぐ知識の習得や，問題解決に関する能力や態度などを身につける学習となりやすい点が特徴である。

　理科の授業実践例【単元「春に赤いモミジ」植物 − 命をつなぐ工夫（中1）】(愛知教育大学附属岡崎中学校　2015；図4.2)をみてみよう。

　春に赤い葉を付けるノムラモミジにより，植物の光合成の仕組みを通して植物と環境の関係について探究が始まる。落葉樹は，秋になると葉の色を変えて紅葉するが，ノムラモミジは春に赤色の葉をつける。それは，光合成を可能にするために，春の鋭い紫外線から葉緑体を守るべく赤い色素が葉緑体を隠すからである。

　子どもたちは，春に校内のモミジを観察し，春はモミジが緑の葉をつけることを確認したあと，教師が教室に持ち込んだ赤いモミジ（ノムラモミジ）に出

第5時の授業記録より

1年実践「春に赤いモミジ」（植物）

植物が光合成をするためには、日光が欠かせないはずだ。しかし、ノムラモミジは、春なのに光合成で葉緑体を覆い、日光が当たりにくいように遮光している。これはなぜどうしてなのか。

第5時の授業日記より

子どもは、春のモミジの枝を持っている教師を見ている。そこで緑色をしている枝々に生えている緑色のモミジの葉を持ってきた。春のモミジは他と違って赤い色をしているノムラモミジと同じように葉につくことに驚くが、ノムラモミジは何らかの原因で秋のモミジと同じようにふるまってしまっているはずとも考え、実験で確かめることにした。予想と違い、ノムラモミジがわずかではあるが光合成をしていることを知ると、琴実は、実験を仲間に伝えたがった。

なぜ赤い色素で葉緑体を隠しているのだろう（不思議を問題に育てる）

琴実は意見交流で、自分の考えを話した。琴実の意見に関連して、輔はノムラモミジの葉をお湯に入れ、葉緑体をもっていることを説明するため、演示実験を行った。ノムラモミジの葉をお湯に出す。乳鉢で半分だけすり、葉の表面の赤い色素を取り除いた。すると、葉の内側の緑色の部分が現れ、赤と緑が半分ずつの葉ができあがった。輔はこれを由香本実物を提示しながら考えを述べた。

由香：赤い葉の光が当たっていない葉は、このように、上の葉の陰になっている部分が緑色をしている。つまり、赤い色素は日光に当たらないようにしなければならない赤い葉だけが持っていないといけない。
利紋：やっぱり、ノムラモミジは違って光合成したらないように葉緑体を隠しているためだね。

第5時の授業記録より

これらの意見から、子どもはノムラモミジが赤い色素を葉の表面にもっていて、内部には葉緑体があることに納得した。更に、太陽の光を葉緑体に当てないためであるという由香の意見についても納得した。

しかし、琴子はすっきりしない表情を見せた。琴子は、これまでの追究でノムラモミジを外に置いて太陽光に当てたものと、室内に置いて太陽光に当てないものを比べ、光がしっかり当たらなければ光合成できないことを確かめていた。琴子は、和佐の意見に対し実験結果を提示し、自分の考えを述べた。

琴子：光合成するには光がしっかり当たらなければならないことがわかる。葉は変なことは日差しが強いか弱いかではない。それに、植物にとって光が有害というのはおかしい。日差しが一番強いのは夏なのだから、春に光を当てないような成分がある理由はわからない。
雄一：でも、いろいろな種類があるから、春の光の一部にモミジにとって有害な成分があるのかもしれない。
信弘：みんなが話していることは、本当かどうかわからない予想ばかりだから、光に有害なものがあるのかを調べてこないとわからない。

真司：光合成には光がしっかり当たらなければならないという当たらなければならないことも聞いたが、日差しが強すぎるのではないか、わらないから赤い色素で葉緑体を隠すとの理由がわからない。

第5時の授業記録より

琴実は、ノムラモミジが葉緑体と赤い色素の両方をもち、光合成をしていることがわかれば、不思議は全て解明されると思っていた。しかし、琴実の意見を聞き、玲子がさらに光の成分に関する疑問を問うた。琴実は、光合成しているという事実を知り、春のモミジから葉緑体が透けて見えるという事実を知り、春の光には何らかの光合成にとって有害な成分があるのかもしれないという疑問を問題にして育てた。

琴実は家に帰り、光と葉緑体の関係について書籍などを用いて調べた。すると、太陽光の中でも紫外線という光が光合成にとって有害であることを知った。そのことを実験で確かめたいと考えた。

まず、赤い色素をもたないノムラモミジの葉に紫外線ライトの光を当て続ける実験をした。数日後、紫外線を当てておいた葉だけは葉緑体が見られなくなり、白く変色した。琴実は、紫外線が葉緑体にとって有害であることを確信した。更に、赤い色素が紫外線を遮断する性質をもつことをシャーレに入れ、ノムラモミジの葉を育てる容器に変えて紙を置き、シャーレに赤い色素の下の新は全く変化しなかった。紫外線が葉緑体に当たると変化する性質の容器を赤い色素が葉緑体を守るため、太陽の下の赤い色素の下の新は変化しなかった。紫外線が赤い色素の下の新は変化しなかった。琴実は、赤い色素が太陽外線を遮断していることを確かめ仲間に伝えたかった。

琴実は家に帰り、ジャーレに赤い色素を抽出し、シャーレに入れた。そしてノムラモミジ以外の植物で紫外線を当てたものもない葉を育てるために、それぞれに紫外線を通す仕組みをもっている。そして紫外線は有害だが、進化を遂げる中で、それを見事にかつ植物の葉の色に注目するようになり、こうして植物の巧妙な仕組みに気づいた琴実は、自然の神秘を実感した。

図 4.2 理科（中1）単元「春に赤いモミジ」（植物—命をつなぐ工夫）

出典：愛知教育大学附属岡崎中学校（2015）54-55 頁

会い,「先生のモミジが春に赤いのはなぜか」と疑問をもつ。

「モミジは秋になると紅葉になる」「葉は緑色の葉緑体をもっている」「葉緑体は日の光と二酸化炭素により光合成を行う」「植物は二酸化炭素を吸って酸素を出す」と考えてきた子どもたちは,「赤いモミジには葉緑体がないのか」「赤いモミジは光合成をしてないのか」などの疑問をもち,実験を企てる。光合成により少量のデンプンがつくられていることや,葉をこすり葉緑体が隠れていることを突き止め,ノムラモミジの葉が赤色の色素で葉緑体を隠していることを発見する。さらに,ノムラモミジを室内と室外に置いて,光がしっかり当たらなければ光合成できないことを確かめた子どもの発言から,「光合成のために葉緑体は光を必要とするのに,なぜ隠すのか」という問題が立ち上がる。子どもたちは,さまざまな仮説を立て解明に乗り出し,「春に赤い色素で葉緑体を隠すのは,春に強い紫外線から葉緑体を守るためであること」を突き止め,ほかの植物も毛やフラボイドをまとわせたり,日陰に生育したりすることで紫外線から守られていることを知る。つまり,植物も環境に合わせて自身を変化させたり,生息の場所を選んだりしていることに気づき,「植物の光合成」の現実を捉え直し,「自然のしくみ」の見方を更新し,再構成している。

(5) 授業を探求へと変える

では,どのように探究の過程をつくればよいのだろうか。算数の単元「立方体の表面積を求めよう」(小4の3学期)の授業例で考えてみよう。

授業例は,直方体の面積を求める公式を導き出した次時で,探究・活用の時間である。前時までに習得したことは,次の2点である。

①直方体の向き合う2つの面は,同じ面積である。
②直方体の表面積は,(縦×横+縦×横+縦×横)×2である。

上記の公式(基本的な知識)を活用するチャレンジ問題として,ある教師は,「6年生を送る会に向け,直方体のくす玉をつくり,色紙を表面に貼るには,何枚の色紙が必要でしょう」という問題を子どもに提起した[3]。

図の「直方体の面積」を求めるには,公式を当てはめれば解ける。

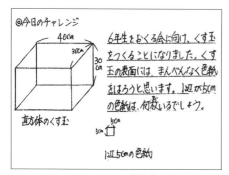 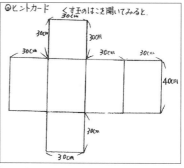

図 4.3 チャレンジ問題とヒントカード

① $30 × 40 + 30 × 40 + 30 × 30) × 2 ÷ (5 × 5) = 264$

だが，ヒントカードとして展開図を用意し，「いろいろな解き方をしてみよう」と問いかけると3通り以上の解き方がでてくる。四角形の面積の求め方を使うのである。

② $(30 × 40 × 4 + 30 × 30 × 2) ÷ (5 × 5)$

③ $(100 × 120 − 30 × 30 × 6) ÷ (5 × 5)$

④ $(30 × 40 ÷ 5 × 5) × 4 + (30 × 30 ÷ 5 × 5) × 2$

さらに，直方体のくす玉の1つの面に色紙が何枚必要かを計算する方法もある。長方形の長い辺には $40 ÷ 5 = 8$ 枚の色紙が，短い辺には $30 ÷ 5 = 6$ 枚の色紙が必要であり，長方形には48枚が必要になる。正方形には36枚が必要である。

⑤ $8 × 6 × 4 + 6 × 6 × 2 = 264$

この授業は，「個人で問題を解く」（わからない子どもを集めてヒントを出す）→「班（4人）で検討しあう」→「いろいろな方法を全て黒板に書いて発表する」→「1つひとつの方法について検討する」の流れで展開された。

子どもたちから，①〜⑤の解き方が発表され，その過程で1つの面になぜ必要かを数える⑥の答えと，①の直方体の面積を求める公式や，⑤の長方形や正方形の面積を求める公式を使った答えが同じであることが確かめられた。

お別れ会の「くす箱づくり」で1辺が5cmの正方形の色紙を貼るという実

生活の問題を設定すると，1つの面に必要な枚数を数えるという具体的操作が可能になる。実生活では，長方形や正方形の面に1辺5cmの色紙が余すことなく貼れるかどうかが確認される。多様な解き方に開かれることで，具体的操作と公式を使う抽象的操作をつなげ，仲間との検討を通して公式という自分にとってよそよそしい「権威的な言葉」を「内的説得力のある言葉」へとつくり変えていく過程が生まれる。巨大なくす玉づくりなどを想定し，公式の必要性や意味について，実感を伴うように振り返ることも重要である。

（6）探究的な活動と学力観の転換

上記の理科や算数の授業は，ただ公式を使ったり，法則を単純に知り覚えたりすることから，「主体的で対話的で深い学び」（アクティブ・ラーニングの視点）へ，「獲得モデル」から「参加モデル」へと授業を転換するものである。

そこには，学力＝目標についても，「知る・できる」（知識・技能の所有）から「考える・判断する・表現する」へ，そして「コンピテンス」と「リテラシー」もしくは「資質・能力」の形成への転換がある。

新しい学力とされるリテラシーを身につけるためには，基礎・基本の習得に加えて，それらを活用して問題を解決し，さらに「問題を深く追究する」という探究的な学習が求められる。問題を深く追究するとは，教科書に書かれている公式などから，現実の自然や社会の状況を捉え，その文脈のなかで，切実な問題意識をもち，「自ら設定した課題を考えていく学習」である。そのために，「生徒が主体的に疑問を見つけ，自らの課題意識をもって観察，実験を行うなど，自ら学ぶ意欲を重視し，科学的に探究する活動」がより重視されているのである。

3 なぜ探究が必要であるのか

最後に，授業において，なぜ探究が必要なのか，あらためて振り返っておきたい。「探究」が必要な理由は，主に3つの観点から論じられてきた。

1つ目は，伝達・注入型の授業では，獲得した知識をすぐに忘れるからであ

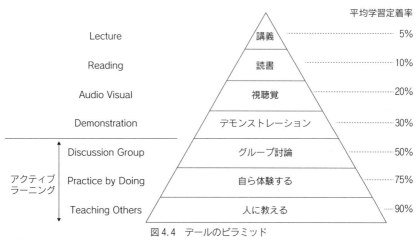

図 4.4　デールのピラミッド

出所：土屋（2018）

る。自分のものとして獲得されていないために，すぐにはがれ落ちるように忘れてしまう。「剥落する知識」（駒林邦夫）でしかないと指摘されてきた。このことは，アクティブ・ラーニングの必要性を主張する根拠とされ，その説明にデールのピラミッドが用いられることが多い（図 4.4）。

　講義を受け，本を読んだだけではすぐに忘れてしまう人が多い。しかし，映像でみる，他者と語り合う，自ら体験する，人に教えるなどにより定着する割合が増えるというのである。ただし，デールが示したのは数値のないものであったことが指摘されており，汎用性の高い資質・能力の形成に有用であるのかどうかが明らかにされてきたわけではない（土屋　2018）。

　2つ目に，探究の過程を経ることで，「わかったつもり」を脱却できる点である。基礎的基本的な知識の習得型授業では，子どもたちがどのように受け止めたのかを交流することが軽視されることが多い。それでは，子どもは公式として示されている（バフチン流に言えば，子どもたちにとって）よそよそしい「権威的なことば」をただ受容するだけの「わかったつもり」にとどまってしまい，自分にとっての世界の再構成を手にしていくことも，他者の見方や考え方に出合うこともないからである。そうならないためには，教師と子ども，子

ども相互の間に対話が創り出される必要がある。

しばしば人はわかったつもりになるが，それを人に納得してもらうように説明しようとするとできないことがある。このわかったつもりではなくて，原理的にわかるためには，人との対話が必要である[4]（田島　2010）。探究的な学習は，原理的にわかるということを可能にしやすい。

3つ目に，授業に探究のプロセスをつくる最大の理由は，子どもたちをオーサー（作者）にするという点にある。

1985年にユネスコは「学習権宣言」を示し，さらに国際連合は「子どもの権利条約」(1989年) を採択し，子どもたちの意見表明権を認めることを世界に要請した。子どもたちは歴史を綴る主体であり，知の構成者＝作者になるために，学ぶのである。さらに，先に述べたようにデューイは子どもたちが没頭するプロジェクトには，自己の時間的あるいは空間的な拡がりをつくり出す活動が本来的に備わっており，経験と〈私〉と世界全体が相互浸透するように知が構成／再構成されていくと同時に，「社会的生活」（協同性）と自己の生き方やあり方が問われていくと考えていた。つまり，探究をつくり出していくときに，目的合理性を必要とするが，それ以上に「目的」と「計画的な活動」を超えて夢中になる活動へと組織することや，生の経験・生活経験にこだわる必要があるといえよう。そこにこそ，探究の意義がある。2017・18年告示の学習指導要領の「総合的な学習の時間」の目標に記されている「横断的・総合的な学習や探究的な学習を通して，協同的に取り組む態度を育て，自己の生き方（高等学校は，在り方生き方―筆者注）を考えることができるようにする」を上記の文脈で捉えていく必要がある。

以上が，探究的な学習が求められる基本的理由である。だとすれば，探究する授業づくりにおいては，以下が課題となる。

第一に，「習得した知識・技能を活用する学習」と，「活用を積み重ねていく学習」は質的にかなり異なる学習である。前者は教科のなかで十分にできるが，後者を週数時間の「総合的な学習の時間」のなかだけで行うことは困難であり，教科を含むあらゆる学習活動のなかで，この探究的な学習が模索されなければ

ならない。

　第二に，他方で，カリキュラムの再編成も視野に入れる必要がある。たとえば，オランダでは，初等教育において「生活＆ワールドオリエンテーション」という探究の時間が週に19時間設定されており，またフィンランドでは試行錯誤を繰り返すことができる「手工」の時間が設定され，また時間をかけてテーマ学習に取り組まれている。

　最後に，探究する授業のように，〈教え〉が見えにくくなるとき，格差／学力差の再生産につながりやすいとの批判もある。今後，検討する必要がある。

　子どもたちが学ぶ意味，生きる意味を実感できるような探究をどこでどのようにつくりだしてくのか。実践のなかで問うていく必要がある。

深い学びのための課題
1. 探究する授業の実践例を分析し，なぜ探究が必要であるのか，意義を検討してみよう。
2. 探究する授業の実践例を分析し，どのようなことがポイントになるのか，具体的に検討してみよう。また，探究する授業を構想・実施するときに，注意すべきことについても検討してみよう。
3. 教科横断的な「探究する授業」の単元構想と，一教科のなかで展開する「探究する授業」の単元構想を作成してみよう。

注
1) 2008年告示，2017・18年告示の学習指導要領において，探究が重視されているが，OECD（国際経済協力開発機構）によるPISA調査を始めとするリテラシーやコンピテンスなどの新しい学力観を基にした新たな教育課程を開発する動きを受けた結果として，「探究」が新たに注目されたのである。リテラシーとは，OECDのPISA調査の能力（学力）観であり，「単なる知識や技能だけではなく，技能や態度を含む様々な心理的・社会的なリソースを活用して，特定の文脈の中で複雑な課題に対応することができる力」のことをいい，コンピテンスとは，国際化と高度情報化の進行とともに多様性が増した複雑な社会に適応することが要求される，人々がもつべき知識や技能を超える能力概念である。
2) 南仏のラ・シオタにあるジャン＝ジョレス中学校の授業参観による。
3) この授業は，2015年2月24日に中野譲学級で行われたものである。
4) 近代科学において，属している共同体のなかで意味交渉の履歴・歴史が反映された「科学的概念」のようなことばは，新参者（子ども）にとっては，共同体に参加するために取り込む必要があ

る「権威的なことば」である。新参者（子ども）は，対話により他者の文脈に属す「権威的なことば」（例えば科学的概念）を，自分の属する社会文脈のことばに再編して，「内的説得力のあることば」として取り込む（「理解」）のであり，その際に，自らのとらえ方と古参者のとらえ方を闘争させ，「自分のことばで占有する」。それが「対話」である。占有の結果生じたことばは，両者の要素が組み込まれた「混成的構文」となり，両者のどちらにも属さない「第三の空間」をつくりだす。「私」は，他者のことばを「権威的なことば」として取り込んだり，その言葉に無縁な敵対的な自分自身の志向性を取り込んだりしているのである（田島　2010）。

引用・参考文献
愛知教育大学附属岡崎中学校（2015）『自ら学びはじめる子どもが育つ生き方の探究―「学んだこと」を行動につなげる中で，成長し続ける子ども』明治図書
佐藤広和（1995）『フレネ教育』青木書店
田島充士（2010）『「分かったつもり」のしくみを探る―バフチンおよびヴィゴツキー理論の観点から』ナカニシヤ出版
田中智志・橋本美保（2012）『プロジェクト活動』東京大学出版会
中央教育審議会（2015）「論点整理」（http//www.mext.go.jp（2017年12月12日最終閲覧）
――（2016）「幼稚園，小学校，中学校，高等学校及び特別支援学校の学習指導要領等の改善及び必要な方策等について（答申）」http//www.mext.go.jp（2017年12月12日最終閲覧）
土屋耕治（2018）「特集「グループによる学び　ラーニングピラミッドの誤謬―モデルの変遷と"神話"の終焉へ向けて」『人間関係研究』（南山大学人間関係研究センター紀要）17, 55-73頁
デューイ，J．／松野安男訳（1975, 原書1916）『民主主義と教育』（上下）岩波書店
デューイ，J．／市村尚久訳（2004, 原書1938）『経験と教育』〈学術文庫〉講談社
中野譲（2017）『地域を生きる子どもと教師―川の学びをひらいた生き方と生活世界』高文研
バフチン，M. M．／新谷啓三郎訳（1996, 原書1979）『小説の言葉』平凡社
溝上慎一・成田秀夫編（2016）『アクティブ・ラーニングとしてのPBLと探究的な学習』東信堂
文部科学省（2008）「小学校学習指導要領」「中学校学習指導要領」
――（2009）「高等学校学習指導要領」
――（2010）『今，求められる力を高める総合的な学習の時間の展開―総合的な学習の時間を核とした課題発見・解決能力，論理的思考力，コミュニケーション能力など向上に関する指導資料（小学校編）』http://www.mext.go.jp/a_menu/shotou/sougou/1300434.htm，『同（中学校編）』http://www.mext.go.jp/a_menu/shotou/sougou/1300534.htm，『同（高等学校編）』http://www.mext.go.jp/a_menu/shotou/sougou/1338359.htm（2017年12月12日最終閲覧）
――（2017）「小学校学習指導要領」「中学校学習指導要領」
――（2018）「高等学校学習指導要領」

第5章
授業形態とアクティブ・ラーニング

1 「アクティブ・ラーニング」を読むときのポイントは何か

(1) アクティブ・ラーニングは学習形態の多様性を要請するのか

　アクティブ・ラーニングと授業形態（学習形態と同義で用いる）との関係については，以下のような考え方があると推測してよいだろう。「アクティブ・ラーニング」は，今回の学習指導要領書改訂のキーワードの1つである。この用語を使うことで求められるのは，教師からの「一方的」な「知識伝達型」の授業を改めて，「主体的・能動的」「探求的」「課題の発見と解決」というような修飾語で説明される学習をめざそうということであろう。このような学習をめざそうとするならば，一斉・伝達型の授業ではなくて〈多様な学習活動〉を構想しなければならない，したがって「総合学習」や「学習形態の交互転換」も構想しなければならないという順序で考えていくことにも一理はあるだろう。一理はあるというのは，このように考える人も多数存在することを認めたうえで，このように考えることが最適であるとは決めがたい，これ以外にも重要な考え方が存在するという意味である。

　本章では，中央教育審議会（以下，中教審）答申（2016年12月）や新しい学習指導要領（2017年3月）から，アクティブ・ラーニングに関する記述を逐一引用しながらコメントすることは控えたい。上記に示したキーワードが重要となる学習活動であるというくらいにおおまかに把握しておく。議論の前提となる「アクティブ・ラーニング」それ自体がきちんと定義されておらず多義的なため，厳密な共通理解をつくることは困難である。そこで筆者は，おおまかな把握にとどめておいたほうが議論を進めやすいだろうと捉えている。

　さらにいえば新しい学習指導要領では，「アクティブ・ラーニング」にかえ

て「主体的・対話的で深い学び」が登場する。ここでも「主体的・対話的」とは何かについて，指導要領の文面を手がかりに分析することは困難である。当然のことではあるが，政府刊行物や行政文書は，すべてを網羅することが特徴的なのであって，ある用語や主張を掘り下げて論じることを目的として書かれてはいないからである。まして「深い」学びについて，〈何が深くて〉〈何が深くない〉のかなどを議論することは学問がする作業ではない。

そもそも重要な用語を提案したり，重要な主張をしたりするときには，形容詞に頼ってはならないのである。〈新しい〉学び，〈本物の〉学力，〈主体的な〉授業，〈人間力の〉育成など，形容詞で説明しようとすると〈そこで話が終わる〉からである。授業改革が喧伝されるたびに登場する〈受動的学びから能動的学びへ〉，〈伝達型から対話型へ〉というスローガンの場合でも，理屈は同じである。スローガンに終始すると，何が新しいのか，その中身を説明しようとする努力と想像力を断念するからである。さらにいえば，誰も異議を唱えることができないスローガンをうちだすことは，自分に対する異論を封じることになるのだが，それは建設的な議論に向かう勇気をもたない態度の現われだといってよい。

（2）アクティブ・ラーニングの導入を考えるときの問題点は何か

中教審などでアクティブ・ラーニングが提起されて以来，その問題点についても議論が展開されている。学習形態や授業展開という本章のテーマとかかわるかぎりにおいて，筆者なりにその要点を示すなら，以下のようになる。

文字どおり「アクティブ」という側面だけが強調されたり，多様な「活動」をつくることだけに注目が集まったりする結果，教科内容研究や教材研究が軽視されがちになる。探究「力」，課題発見「力」というように，「力」（何ができるようになるか）が強調されるが，「力一般」というものは存在しないのであって，力それ自体を育成することはできない。よって，特定の内容・対象にかかわった思考力について議論しないと話が空虚になる。また，〈アクティブ〉だとされる学習活動の「型」だけが追及されることになり，授業の進め方が

〈マニュアル化・定型化〉され，この定型を外すことは許されないという事態が生じかねない。たとえば，授業で必ずディベートを取り入れるとかグループ活動を組織するとかなどである。

　この批判は，それなりの説得力をもっていると筆者は判断する。学習指導要領などで提起された方針は，その中身について議論する余裕もなく，とりあえず導入するしかないという事態になることは，これまでの教育現場の風潮が証明している。この風潮を検討することは重要ではあるが，当面，事実としてこうなってきたことだけを確認しておきたい。ただ，問題は次にある。授業をつくる際の〈定型化・マニュアル化〉がなぜ問題なのかについては丁寧に論じるべきである。〈教師の創造性・自主性が損なわれるからだ〉と反論するだけではまだ説得力が弱いと筆者は考えている。この点については，学習形態の交互転換の指針を論じるときに改めて説明したい。

　また，学習指導要領や中教審の文言だけを捉えて，「内容軽視だ，定型化への危険がある」と批判しても，中教審の文章には「形式的に対話型を取り入れた授業や特定の指導の型…にとどまるものではなく」といった文章もあり，中教審関係者も「特定の指導法を指してはいない」「教師が説明するところは説明したらよい」「知識を覚えることも必要で，暗記もした方がいい」という発言もしているのだから，文言だけをとりだす議論は水掛け論に陥りやすい。

　ではアクティブ・ラーニングへの対応はどのようにすればよいのか。現場や実践での関心事は，〈アクティブ・ラーニングとは何か〉ではなくて，〈アクティブ・ラーニングにどう対応するか〉だと思う。あえていえば，理論の問い方も，この問い方と同じであってもよい。学習指導要領に登場した以上，「アクティブ・ラーニング」（主体的・対話的で深い学び）が，今後の授業づくりの1つの視点となることは避けがたいのだから，授業の本質論を理論研究の側からも提起しつづけるほうが有益である。

　これが参考文献で紹介した阿部昇や石井英真の説き方である。阿部や石井は，戦後日本の授業研究や教科内容研究においてすぐれた遺産があることを論じている。それを紹介しながらも，アクティブ・ラーニングの弱点を突くためにこ

の遺産を対置させるのではなく、アクティブ・ラーニングが提唱されている今こそ、日本の遺産への着目を促しながら教科の学力形成の成果を発展させるチャンスにしようという意図がある[1]。

アクティブ・ラーニングへの対応の仕方については、それこそ現場の意識や力関係を考慮するならば、一律的に推奨できるプランがあるわけではない。グループディスカッションを取り入れたか、体験学習をしたかなどアクティブ・ラーニング的なる活動が〈あったか／なかったか〉を点検・評価しあうという事態だけは避けたい。あるいは、この授業は〈探求型であるか／ないか〉といった議論も不毛である。このような規格統一を旨とするような行為は、人を管理することに陥りやすい。この機能がさらに進むと、人の〈荒さがし〉をするように働くのである。

種々の改革や要請に流されるように対応していると、教師にも学校にも希望が生まれない。希望ではなく不安をエネルギーにする仕事には徒労感がつきまとう。そして、徒労感の蔓延する職場では、いがみ合いやいじめが横行する。徒労だと感じてまじめに仕事をしない人と徒労だとわかっていてもまじめに仕事をする人、この両者の対立が避けがたいからである。逆にいえば、この点への「気づき」が、何が大切なのかを議論する出発点ともなりうるのである。

2 学習形態の交互転換は授業展開のなかにどう位置づくのか
(1) 教育技術を理論から学ぶ方法は何か

まず授業指導の技術と思想（教育観・授業観）の関連について言及しておくことが、あとで授業の成立などを論じる前提として有益だろう。

技術を言語で記述する際には、2つの方法があると筆者は考える。第一に、具体的な技術を逐一取り出して説明しながら、その意味を記述する方法である。個々の技術の語り方のなかに語り手の思想をこめるのであり、教育観や子ども観を直接に語ることを抑制するのである。この方法は、臨床医学や精神医学の方面でもすぐれた成果があり、本論を書く際に参考にしている。第二に、おもに思想的なもの記述する方法であるが、その背後には、基本的な考え方がわか

れば，あとは応用問題を解くように上達するだろうという考え方がある。もちろん，この区別は相対的なものである。

　第二の方法では，技術の飛躍的な向上を念頭においている。細々とした事例に対応して無限の処方箋を覚えるというやり方では，技術を習得することが無限の足し算をするようなイメージとなる。今までの自分のやり方が通用しないと痛感し，今までの自分から脱皮しようという覚悟に至るような，教育観・授業観の変容を伴わないと技術の飛躍は望めない。

　象徴的にいえば，教師の語る言葉が変わらないと，授業の技術も向上しないだろう。教師の語る言葉が「そう」であることは，授業の現実に対する見方が「そう」であるからだ。〈子どもの主体的な意欲をひきだす〉とか〈子どもの関心に依拠して〉という抽象的ないい方しかできないということは，その人は授業が表層的にしかみえていないことになる。では，技術を向上させる語り方とは何か。それを一言でいいきるのはむずかしいのだが，特定場面に限定して指針を含む語り方，臨場感をもって実践場面を再現する語り方，ストーリーのある実践の語り方，指導の方法と意味を同時に示す語り方などである。

　以下，学習形態の交互転換について，具体的な技術を論じながら（第一の説明方法），必要に応じて思想的なもの（第二の説明方法）をつけ加えてみたい。なお「探求的」学習とか「課題解決的」学習という場合，それは学習の「形態」をさしているのではなく，授業・学習の性質や「あるべき姿」を示していると解釈したほうがよい。だから，探求〈型〉の学習行為や学習パターンがあるのではなく，授業対話の質が向上したときに，学習が探究的な〈性質〉をもってきたというべきなのである。

（2）学習形態の交互転換の筋道は何か

　それぞれの学習形態には長所があるので，それを生かした授業づくりが必要となる。では，学習形態の交互転換の具体的なイメージはどのようになるのか。非常におおまかな叙述だが，授業は，以下のような流れで進めるという〈1つの定石〉をイメージしてもよいだろう。一斉学習といっても，それは孤立的に

存在しているのではない。以下のように，ほかの学習活動の連なりの上に成り立っている。

　教師が本時の課題などを「説明」する→教師が課題を説明しながら「発問」する（発問パートⅠ）→個人思考・個人作業をする，自分の意見を書く→ペアで（隣同士で）軽く意見を交換してみる→グループ（班）で話し合う（班討論をする）→班で発表する→教師が意見の整理をする→整理された論点に対して個人が発表する（一斉授業，一斉場面での討論）→深められた課題や第二の課題が明らかになる→発問パートⅡを出す。

　学習形態の交互転換を授業の流れ（授業展開）のなかにどう位置づけるのか。私たちの授業研究会で〈定番〉にしている詩の授業づくりを簡単に紹介しながら，この問題を考察していきたい。〈定番〉とは，国語の学力や読みの方法・読みの技術，教材研究や授業展開（指導言の構想，指導案の構想）がわかりやすくイメージできるという意味である[2]。

　　ねがいごと
　　　　　　　　　　　　　たんぽぽはるか

　①あいたくて
　②あいたくて
　③あいたくて
　④あいたくて
　⑤　…
　⑥きょうも
　⑦わたげを
　⑧とばします

---

　①説明　〈たんぽぽを見たことはありますか？〉〈わたげってどんな感じですか？〉と問いかけながら，たんぽぽの実像について説明していく。あるいは，絵や写真も用意する。そもそも「わたげ」をイメージできないと，この詩を読

むことはできない。

②説明と発問　〈詩は起承転結で読みます〉と説明しながら，詩は「構造」で読むことが有益であることを説明する。たとえば，以下のように説明する。

> 起：おこり，はじめ，語りおこし，話のはじまり
> 承：つづき，つながり，「起」に続けて話を発展させる
> 転：変化，逆転，新しい要素をもちこんで話を転換する
> 　詩の読みを進めるときのポイントは「転」にある。テーマも「転」に隠されていることが多い。
> 結：まとめ，おわり，今までの要素をまとめる

もちろん，毎時間こんな説明をするわけではないが，学年や定着度に応じて説明の回数や密度を調整する。「起承転結」は詩を読むときの〈1つの〉モデル・ものさしである。読むための手段や手がかりを示さないままに，〈気になったところを探そう〉というように課題を出しても，子どもは学習に入れないし，学力もつかない。それは，不親切なやり方である。また構造を読むことをとおして，詩全体の様子や特徴を把握し，主題に迫っていくことができる。

文学作品の読み方には，膨大な遺産が蓄積されていることを承知で紹介しているので，「起承転結」という構造を〈1つの尺度〉として読むやり方には〈さしあたり〉同意できる，〈よくみられる・誰でもできそうな〉授業だ，というくらいで読んでいただきたい。

〈転はどこでしょう？〉と発問する。「発問」については，子どもの思考を活性化させる，そのために子どもの意見・解釈が分かれるように問いかける，教科の学び方を「問いという形式」をとりながら教えていく役割をもつと簡単に規定しておく。

③教材研究と応答予想　「起承転結」の構造は，教師の教材研究のレベルでは，以下の2つに大別できる。これは，子どもの意見の対立としても予想できるものである。

> 【構造案A】　起：①②，承：③④⑤，転結：⑥⑦⑧
> 　理由は，⑥⑦⑧「きょうもわたげをとばします」は一つのつながりのある文だ。⑤「…」は「あいたくて」がくりかえされているので「あいたくて」の省略と読む。あいたい「気持ち」が「継続」している，あるいは「高まっている」と読む。
> 【構造案B】　起：①②，承：③④，転：⑤，結：⑥⑦⑧
> 　理由は，⑤「…」は記号に変わっている。見た目が変わっている。①から④までは「言葉」「気持ち」であるが，⑤で決断している。あるいは，⑥からは「行動」に変化している。⑤「・・・」は「間」であり，「あいたくて」のリズム（5音）が切れる。

　どちらにも理由があり根拠がある。無理やり決着をつける必要はない。〈偶然に正解になる〉ことよりも，〈複数の理由を考えられる〉ほうに価値があることを，子どもには力説する。

　④個人，ペア，グループ，一斉活動の指導法についてはあとで述べる。

　⑤「構造よみ」の次は「技法よみ（形象よみ）」「主題よみ」に進む。たとえば，題名読みで〈作者は「たんぽぽはるか」と，わざわざひらがなで書いてあるけれど，漢字で書くとどうなるでしょう〉と問う。「春香」「春花」「遥」などが想像できる。「春」からは命の芽吹きという感じを，「遥」からは遠くへ飛ばすという印象をイメージできる。それぞれは，主題と関連している。

（3）なぜ「説明」が授業指導の大前提になるのか

　授業指導において最も大切なのは教師の「説明」であるという話は，大学の授業ではもとより現場の授業研究会でもあまりいわれないことだが，実践するうえではかなり重要であることを強調したい。

　まず，説明ができて初めて発問ができる，というのが論理的な順序である。教材研究をして，教科固有の学び方，その単元のポイント，疑問点やまちがい

やすい点などを教師が知っているからこそ、その点に焦点化して問いを出すことが可能となる。

たとえば、先の詩の読み方においても、詩を読むときに構造で読む利点、起承転結という尺度の使いやすさ、しっかり考えるためには２つ以上の意見が必須、みんなで討論する意義、などについて、教師が上手に説明してもよいのではないか。あるいは、〈構造で読むとどんなメリットがあるのでしょう？…それは…〉、〈詩の読み方のポイントは？…それは…〉といった具合に、「問いと答えをセット」にしながら説明したら、子どもにうまく伝わるのではないか。

上記のように自問自答をふまえたうえで、それでもなお「発問－討論」が重要だと回答しないと説得力がない。それは、子どもの活動を介さないと、読む力も読む技術も思考力も身につかないからである。実際に動いたり、発言・表現してみたり、試行錯誤してみたり、まちがいを乗り越えてみたりするという活動を通してしか能力というものは形成されないからである。

教師が授業の流れに沿って説明ができるということは、授業の流れが構想できることを意味し、そのことは学習指導案を構想したことと同義であり、子どもの対話や討論を組織できる準備が整ったと解釈してよい。詩の構造を「起承転結」で読むことが有効であるということを教師が学んでいるから、授業のなかで「転はどこでしょう？」という発問を出すことができる。「転」の候補を２つ以上予想しているからこそ、一斉授業で対話や討論をうまく導くことが可能となり、活発な班話し合いをつくりだすこともできるのである。

教師の説明も含めて応答的な語りのあり方について、「四分六分の構え」という基礎技術を例にして論じたい。教師の体の向きを〈黒板に四分（以下）、子どもには六分（以上）〉という構えにして、授業に臨むのである[3]。

この指針のポイントは〈黒板：子ども＝４：６〉ではない。それは、黒板よりも子どものほうを向く割合を増やして授業をするという考え方である。たとえば、板書をするときでも〈完全に黒板に向き合って、子どもに背を向ける〉のではなく、〈半身の姿勢で板書しながら、半身は子どものほうを向けておく〉というものである。子どもの思考の流れを読むこと以前に、まず物理的に・身

体的に子どもと向かい合い，反応を読むことが授業の出発点である。このような作法を，心ある実践家たちは，子どもを「とらえる視線」を身につけるとか「視線が流れないようにする」と呼んできた。この場合，子どもの内面が，事実問題としてみえるかどうかが問題なのではない。子どもの内面を読もうとする意識の延長線上に，授業対話の「熟達」というものが位置づくという発想が大事なのである。

　自分の対応方法に自覚的になると，わざわざ種々の「評価リスト」「チェック項目」を増やさなくても，相手の反応の意味するものについて，なんとなく推測できるようになる。たとえば，子どもたちは本心ではわかっていないのか，表面上うなずいているだけなのか，そろそろ退屈になってきたのか，課題に〈のってきている〉のか，などの推測がたくましくなるだろう。逆にいうと，評価リストに頼ると，教師の感度を磨く努力ができなくなる。〈子どものパフォーマンスが評価リストに適っているか〉だけが関心事になると，〈そもそもリストの基準や項目に妥当性があるか〉と疑ったり，〈リストに載っていないが子どもの思考を発展させる兆し〉を教師自身の目で発見しようという努力が生じなくなる。ということは，説明も含めて，自分の指導技術に対する関心が高まらないことにもつながる。それは，自分の技術に対して関心をもつことなしに上達はありえないという技術論のイロハに反している。

　また，無数の評価項目に期待をかけること自体に限界があると同時に，論理的に誤りがある。精神科治療の臨床は次のように教えている。治療実践の過程を構成するパラメーターは無数にあるが，このパラメーターの「すべてを枚挙しようとすることは科学者らしい壮挙のようにみえるが，実は愚者の仕事である」。重要なことは，本人（患者）と家族と治療者の三者の呼吸が合うかどうかである。この「呼吸合わせ」のための努力はいくら払っても払い過ぎることはない。この治療的合意が，その後の経過にとって決定的なのである[4]。

　この指摘を参考にするならば，自分の技術の上達によって授業を改善できるということに信をおかず，子どもと呼吸を合わせる関係（合意的関係）を築くことで授業を改善しようという意思を放棄することは，授業展開に大きなマイ

ナスを残すことになる。

　ここでいう合意とは，授業の例でいうと，「することの意味，方法，効果などを教師が提案し，さしあたりの了解を子どもからとりつけること」と規定しておく。この合意に基づく関係をつくっていくことが授業のルール（学習規律）づくりの基本となる。

　子どもの反応を読むといっても教師の誤解もあるし思い込みもあるのだから，子どもには，教師の説明が〈わかる－わからない〉について明確に反応することを教えるのである。教師の指導に対して反応する，その仕方が授業のルールなのであり，ルールを意識させることが子どもに学習権を意識させる指導なのである。子どもの抵抗や要求を受けとめる覚悟と度量なくしては，教師の権威は子どもから授けてもらえないのである。

　臨床医学の立場から，面接者の構えについて以下の指摘があるが，これも教育や授業においてもあてはまるだろう。「権威というものは，起きて来ることに対し責任を持ち得る場合にのみ，その責任を取る者に付与される」[5]ここでいう責任をとることは「成功する」ことを意味しない。相手に対する敬意と応答責任について述べたものと解するべきだろう。

　なぜ，このような細かな作法まで熟慮しなければならないのか。この問いへの回答は，これまでの説明で理解していただけるだろう。語りや説明が相手に届いたかどうかは，相手の反応のなかで確かめられるものだからである。あるいは，こうもいえる，授業は，教師と子どもが一緒につくり上げていくものであり，子どもの協力と参加がないと成立しないものだからである。

　一斉授業は画一的になり，子どもを受け身にさせる，だから学習の個別化や多様化が必要だという主張がある。しかし，この発想は，日本の授業実践の歴史をふまえていない。先に述べたように，説明は，一斉授業（一斉学習）の場面でなされる指導であった。しかし，「応答関係をつくる語り」に自覚的になることは一斉授業の可能性を高めるのだと授業実践史は提起してきたのである。いや，一斉か個別かという表層の次元を超えて，〈それなくしては指導が成り立たない〉という本質論を提起してきたのである。〈一斉／個別〉〈画一／多

様〉という二分法で授業を裁断するのではなく，授業研究の歴史のなかに課題と成果を探るところにしか，授業改革の可能性は存在しない。

（4）教師の発問は，なぜ必要なのか・どうしても必要なのか

　授業研究で「発問」という用語が登場し，語り継がれ，普及するようになった背景には，「教師の」問いに〈特別な意味と機能〉をもたせようという意図が働いていたことはたしかだろう。日常の問いである「質問」は唯一の正解を求めれば事足りる。しかし，授業における問いである「発問」は，子どもの思考を促がす，教科の学び方・問い方を習得するという役割をもたねばならない。だから，発問づくりの指針として，子どもの意見の対立・分化を呼び起こすように問うというものがある。

　もちろん，技能の習得が課題になる場面では，発問ではなく課題設定がなされることもあるだろう。だが，漠然と練習をさせてはならない。一般論になってしまうが，練習であっても，ヒントや問いをもたないままに続けるのは徒労であり苦痛である。教えのなかにも学びのなかにも「問い的」な働きが伏流しているとき，その成果が期待できるのである。

　詩の授業の「起承転結」の例に話を戻すと，構造案を複数もっている（予想している）からこそ，教師は討論を仕組むことができる。子どもの意見が一方に偏ったら，教師がもう一方に立場をとって議論を仕組めばよい。

　教師は「少数派」「弱い方」「つまずきの側」に立場をとって，対立を明確にして議論を仕組んだほうがよい。ただでさえ子どもは「まちがい」を怖れる。教師を味方と思ってくれるかどうか，その保証はない。意見や感想を述べることは，子どもの内面の自由という精神的自由権にかかわる事項なので，教師は子どもが拒否の自由をもつことを前提にして問いかけたり指名したりしなければならない。発言することへの子どもの不安に対しては，表面上のヒューマニズムでは対応しきれないのであり，技術的裏づけが必要なのである。

　子どもの意見の対立を構想するのは，考える力，考える方法，考える意欲などを保障しようとするからである。思考力・判断力・表現力などの「力の育

成」については，このたびの学習指導要領だけでなく，すでに何十年も前から，ほぼ似たような要請が続いていた。ということは，〈考えるためには2つ以上の意見が必要なのだ〉という，まことに素朴な原則は，きちんと説明すれば多くの教師から賛同が得られるということを意味するのではないか。ここに，授業づくりの希望があるのではないか。

対立点を明確にしてその根拠を出し合って討論することをねらうという意味では，板書に意識的でありたい。学習指導案のかわりに「板書案」を活用してもよいし，板書案のほうが実用的な場合もある。板書が整理されていると，子どもが授業内容を理解するのに役立つ。さらにいえば，整理された板書を写すという活動自体が，授業内容の復習（振り返り）という機能を果たすのである。

子どもの疑問や意見に基づいて学習課題をつくるのが，〈主体的〉学習，〈共同探求的〉授業といわれることがある。まず子どもが自分から疑問や感想を出すことを保障し，そこに子どもの主体性をみて，この感想や疑問を聞いてから教師の教材研究の成果を重ねていけばよいという意見がかなり多数であることも筆者は知っている。しかし，子どもが〈本時の課題に合致する〉疑問を出さなかったらどうするのか。さらにいえば，教師の説明や発問が稚拙なために子どもが沈黙したらどうするのか。

子どもの意見に反応できるためには教師が深い解釈をもっていないと不可能であることは，論理の問題であるとともに責任の問題でもある。

そうはいっても，教師は，いつも十分に教材研究できる余裕があるわけではない。逆にいうと，授業のなかで子どもの反応に敏感であろうという意志的な営みが，教材研究に向かうエネルギーを生み出すのである。この間の事情を称して，吉本均は「授業の中での刻々の教材研究」が重要だといったのである。同様の文脈で，授業の構想としては〈教師の指導言－子どもの応答予想〉を書いた「一枚の指導案」（展開案）こそが不可欠だ，と力説したのである。指導案における「応答のシナリオ」がなければ，そもそも発言をひきだすことはできないし，授業対話を導くこともできない[6]。

（5）なぜ教師の「問い」が授業指導全体に貫かれているのか

　発問の構想がなければ討論を組織することができないことと同じ理屈で，グループ学習あるいは班話し合いを導入するときには，「課題を明確にしてから」班におろすという指針がある。つまり，「2つか3つに意見が対立」するから話し合いが盛り上がるか，「多様な解釈が出やすい」ので話し合いが盛り上がるか，そのいずれかを想定しないといけない。このような指針を知らないままに班話し合いをさせるとどうなるか。子どもは課題が不明なので沈黙するか，雑談のようになるか，そして教師に叱られるか，それとも〈できる〉子が〈それなりの〉意見を述べて終わるか，結局，学びの質は低下するのである。

　いわゆる「机間指導」では，教師は，おもしろそうな意見やつまずきの典型を拾っておくことも重要である。これらの意見を一斉場面で取り上げて，その意見がなぜ価値があるのかを話し合う。あるいは，どこにつまずきの原因があるのかを説明したり，このつまずきは多くの人が陥りやすい典型的なものだと注意を促したりする。ここに，教師の教材研究の成果が現れるのであり，こういう指導から教師の「やさしさ」が伝わるのである。

　班話し合いでは，意見を〈1つにまとめない〉ことも大事である。対立した意見やその理由，多様な意見やその根拠をひき出して，それを吟味し合うことが授業対話の目的だからである。1つにまとめるという〈難度の高い〉活動を子どもに要求してはならないのであり，またその必要もない。また，班話し合いは，「時間設定」をしてから導入する。最初はやや短めに設定しておいて，話し合いが盛り上がって終わりそうになくても，一旦はうち切る。そして，〈話し合いが盛り上がって，がんばっていますね〉と評価したうえで，〈時間が足りないときには，時間要求をするのです〉と要求の仕方を教えるのである。

　だから，班長（学習リーダー）の役割は，課題が不明なときに教師に再度説明を求める，時間要求をする，班員みんなに発言を求める，当面はこの3つくらいでよい。〈まじめに勉強する〉という役職とは無関係な役割や，〈班員の先頭に立つ〉という高度で抽象的な役割を期待するから，子どもは班長になることをためらうのである。

最後に個人学習について，簡単な指針を述べておく。学習形態の交互転換を論じるときに示唆的に書いておいたのだが，話し合い（班，一斉，どちらでも）に入る前に，まず自分の意見をもつことが大事である。もちろん強要してはならないが，自信がなくても書かないと一歩前に進んだことにならないし，書いて話してみないと自分が何を考えているのか，それすら自分で知ることができない。ペア学習も〈ちょっと隣で話し合ってみて〉というくらいで，話し合いへの導入として使うくらいの役割である。したがって，思考や認識の活動が主題となる場面では，必ずしもペア学習を用いる必要はない。

3　なぜ学習の「型・パターン」に依存すると実践が進歩しないのか

　本章の冒頭で，筆者はアクティブ・ラーニングというかけ声の下で必ずディベートを採用するといった定型化は，実践にとって弊害が大きいと指摘した。その最大の理由は，教師が「自分で考える」という営みを衰弱させるからだ。この問題について，教師の語り（「四分六分」の構え）を例にとって，相手に敬意をはらう語り方が語りの創造性を高めるという論理を深めてみたい[7]。

　およそ人が呼びかけに対して返答できる条件は「この呼びかけは私宛のものだ」と確信できたときである。メッセージの内容や文脈が不明であるにもかかわらず，それが自分宛だとわかれば，人は傾聴する。固有名をもった発信者から，固有名をもった受信者めざしてまっすぐに向けられるメッセージは受け入れてよい。そこには，あなたに聞いてほしいという懇請と言語表現上の創造性が働いているからである。その反対に，発信名が匿名で，受信者も不特定多数であるメッセージは，あなたの存在を重要視していない。あなたが聞いてくれなくても，ほかに聞いてくれる人がいるというメッセージを言外に発信しているからだ。だから，発信名も宛先も明示しないメッセージは，「君はいてもいなくてもいい」ということを暗に告げていることになる。

　前のタイプのメッセージがあるところでは，呼びかけに対する応答責任が生まれ，あとのタイプのメッセージしかないところでは，徒労感しか生じない。宛先を明示している以上，語り手も自分の固有名を出していることになるのだ

から，そのときには自分の言語に対して責任を示していることになる。

　以上のような論理を内在させた教師の語りや応答に関する指針を，教育実践では「固有名詞」に語りかけると呼んできたのである。

　さきに，授業展開の「定石」を示したのだが，これもパターン化の一種ではないかという批判を受けそうである。筆者は，自分の意思と責任で実践を進めたいならば，ある種の型や定石をもっていてもよいと思う。それは，自分の意思で原則を血肉化させているので，既存のパターンに合わない場合でも何とかなるだろうという推測ができるからである。また実践は，1つの課題を解決したときに次の課題がみえてくるという性格をもっているのだから，上記の定石でうまくいかなくなったら，次善の策を考えればよいという楽天性を身につけることも可能だろう。

　以上述べてきたように授業展開をイメージすることは，とくに目新しいことではないかもしれない。しかし，教師にとって〈なじみ深い〉ということが重要なのだ。教育や授業に〈新奇なもの〉をそれが〈最新だ，流行だ〉といってもち込むと，現場は混乱してしまう。ユニバーサルデザイン，アクティブ・ラーニング，ICT活用など新しい方略が〈これでもか〉というくらいに提示されてくると，それへの対応が忙しくなり，実践のなかで生きて働き伝承されてきた技術が教育現場に普及する余裕がなくなるのではないかという疑念を筆者は払拭できない。

　先に示した授業の原則や指針は，ふつうの授業で，誰もが可能な，しかし疎かにしてはならない最低限の要請である。それは，健全な「常識」のようであるがゆえに，教師の「良心」と実践の「遺産」がこめられていると思うのだ。臨床医学にならっていえば，それは「高度な平凡性」というべきものである。それは，カタカナや外国語がものものしく並ぶ「流行用語」や華々しい「エビデンス」とは無縁かもしれないが，臨床家・実践家の良識として共有され受け継がれていくべきものである[8]。

　ふつうの教師が日常的に行っている授業を少しみる角度を変えてみる，あるいは少しやり方を工夫するというタイプの改革でないと，実践家のなかに普及

しないし定着しない。だから，教育技術や技術論の記述の仕方は，「入門にして応用」という性格をもつべきだと主張したい。

> **深い学びのための課題**
> 学習形態の交互転換（個人学習，グループ学習，一斉学習の活用）をどう進めるかについて，各教科の例をあげて考えてみよう。

注
1）阿部昇（2016）『確かな「学力」を育てるアクティブ・ラーニングを生かした探求型の授業づくり』明治図書。石井英真（2017）『中教審「答申」を読み解く』日本標準。
2）大西忠治によって提唱された「科学的読み」，および「よみ研」の考え方や方法に学びながら，私たちの授業研究会が作成した冊子『教材研究をみんなのものに』から引用した。「ねがいごと」の作者は，工藤直子である。
3）大西忠治（1987）『授業づくり上達法』民衆社，20頁以下。
4）中井久夫（1982）『精神科治療の覚書』日本評論社，59頁。
5）土居健郎（2000）『人間理解の方法』〈土居健郎選集5〉岩波書店，97頁以下。
6）吉本均（1996）『教室の人間学』明治図書，98頁，100頁。
7）内田樹・釈徹宗（2014）『日本霊性論』NHK出版，168頁以下。
8）斎藤環（2015）「常識としての「小文字の精神療法」」統合失調症のひろば編集部編『こころの科学　中井久夫の臨床作法』日本評論社，68頁以下。

引用・参考文献
阿部昇（2016）『確かな「学力」を育てるアクティブ・ラーニングを生かした探求型の授業づくり』明治図書
石井英真（2017）『中教審「答申」を読み解く』日本標準
大西忠治（1988）『発問上達法』民衆社
吉本均著／子安潤・権藤誠剛編（2006）『授業の演出と指導案づくり』〈学級の教育力を活かす吉本均著作選集4〉明治図書

第6章
教育の情報化と授業づくり

1　3つの学び

　私たちの周りのメディア環境が変わり，学校の学習環境も変わりつつある。知識基盤社会の到来がいわれ，今の子どもたちが社会に出て働くころには，仕事の職種や内容も大きく変わっているともいわれている。ビジネスからのニーズに応じていくことが教育の本務ではないという思いもあるかもしれない。しかし見わたすと子どもの日常生活の姿や，これからの社会が新たな社会人に求める姿は，少なくともインターネットを私たちが使えるようになった1994年以降から次第に変わってきている。

　今や，教室にいる子どもたちは，①学校の授業から学び（公教育），②習い事から学び（受益者負担の塾などによる教育），③インターネットを活用して学んでいる（インフォーマルな学び）。①と②は，教育内容の質の担保や教育責任を教員など，誰かが担っているが，③のインターネットからの学びは，学び手が自分で情報を選び判断し学ぶように，学習者自身に学習責任が課されている。そのためインターネットからの学びは，光があるかもしれないが，ほっておくと影となる課題も多い。

　国の政策による教育の情報化の動きのなかで，少しずつではあるが，教室の学習環境も変わりつつある。しかし，一方で25年前と変わらぬ教室環境もいまだみられる。このような状況のなかで，教員は授業を展開し，求められる資質・能力を子どもたちに培うことが求められているのである。

　これまでよく聞かれる言葉を思い浮かべると，「ICT活用などは，ICTが好きな教員が取り組んでいる，指定研究があったからしている」という他人事的感覚とよく遭遇した。しかしそれでは済まされない時期を迎えていると思われ

る。3つの学びの姿と学習環境を意識した，授業の工夫への確かな省察と実践が，普通に学校で求められてきていると考えられる。本章では，このような教育の情報化の動きのなかで授業づくりをどうしていくのか，また授業改善へどのように踏み出していくかについて，教員に求められる専門知識などの視点から考察していく。

2 教室でのICT活用とかかわってよく聞かれる言葉

　子どもたちにわかりやすい授業が求められ，子どもの視聴覚に働きかけ，子どもたちが能動的に学べる工夫をすることが求められている。しかし教室にはそのような環境が整っていない。「自分が子どものころと教室は変わっていない。そのなかでどうしろというのか？　学校で数に限りのある機器などを毎回教室へ運び込め，あるいは自分で用意しろというのか」という声を耳にする。

　いっぽうで，教室にICT環境が整っている。しかし「なぜ授業でICTなど，新しい教育機器を使う必要があるのか？　別に使わなくても十分私は授業で子どもたちに求められる力を培うことができる。かえって授業中に機器トラブルなども起こるかもしれないという不安もある。これまでの経験を活かして方法を組み合わせて工夫すれば十分成果は期待できる」という言葉も耳にする。

> このような言葉を聞いて，あなたはどのように考えるだろうか。

　前者は，自治体の判断で整備に差が出ている話である。これは，教育の情報化に関する自体レベルの取り組みの課題と考えられ，容易な問題ではない。国は，予算的に計画的にそれを支援するように基盤となる経費を組み，すでに配分してきたと説明している。しかし実際，自治体ごとに事情があり，そのような姿になっていない。自治体の首長の判断，教育委員会の考え方，学校からの要望に認識のズレがある場合，実現は容易ではないことは推測できる。しかし，現在の動きを見ると，学習指導要領の改訂や教育の情報化への政策的な動きの中で，遅かれ早かれ，環境は変わってくると予想できる。そうであるならば，成すべき事は，整備に際して，子どもたちの学習に効果的な環境のアイデアが

出せる専門知識や，現在ある環境も活かしながら緩やかに新しいモノを取り込み，使いやすい環境を構築していく柔軟な専門的判断力を磨くことと思われる。教員や学校，教育委員会の担当部署は，それらを蓄積していくことが重要と考えられる。

　後者に関しては，子どもたちの現状と求められる資質・能力の関係を考え，不易流行を考え，またできうる最大限の努力のなかでの判断であるなら理解できる。しかし，理想とする授業イメージ，子どもたちに求められている資質・能力や目標像に関して，固定的であることから生じている言葉とすれば，考え直すことが必要である。たとえば，これまでの授業の流し方や方法に沿って，ICTなどを入れ込んでいくことだけをイメージするなら，なくても授業は可能であり，あったらそれなり便利かもしれないが必要とは限らないという考えになるのは当然と思われる。しかし，先にも述べた3つの学びをしている子どもに対して，授業の工夫を考えた場合，ねらいや進め方，方法も変わってくるはずである。その点，思考停止をせずに，従来の自分の授業イメージに固執することなく，言い換えるなら自分にとっての授業のしやすさだけでなく，子どもたちにとってやる気が出る工夫，子どもにとってのわかりやすさ，子どもに力が付くことを考えていくことも重要と考えられる。

　あなたは，どのようにこの状況を理解し，どのように判断し，行動をとるのか。以下読み進めながら考えを深めていってほしい。

3　変わりつつある教員に求められる専門知識

　まず，国や自治体の教育政策から教育の情報化が進められ，教室環境が変わりつつあるなかで，以下のような疑問が生じてくるだろう。

> 教員に求められる専門知識は変わってきているのか。

　この問いに対して，あなたはどのように考えるか。たとえば，国際的な動きとして，以下のような考えが出されている。
　TPCK（Technological Pedagogical Content Knowledge）という教員の専門知識

に新たに技術に関する知識を組み込んだ枠組みを示す考え方がある。これは、教職に関する知識（Pedagogical Knowledge），教科内容に関する知識（Content Knowledge），技術に関する知識（Technological Knowledge）といった3つの教員の専門知識の関係を捉えようとする表現であり，Mishra & Koehler（2006）によって提案された考えである。彼らによれば，もともとTPCKの発想は，Schulman（1985, 1986）が提起した，教育（教職）に関する知識（Pedagogical Knowledge）と教科内容に関する知識（Content Knowledge）が交差する教育的内容知識（Pedagogical Content Knowledge：PCK）の理論的な枠組みを下に考え出されたとされている。

この考えが出てくる背景を捉えると，「教員に求められる専門知識は変わってきているのか？」について，いくらか考えるヒントが得られると思われる。そこで，少し専門的な内容であるがさかのぼって，その背景を当時の論議を通して探っていきたい。

（1）1990年代に論議されていた授業におけるコンピュータ利用

教員に求められる専門的能力の基盤となる教職に関する知識と教科内容に関する知識は，1990年代に入ると，教室におけるコンピュータ利用の論文のなかで意識されるようになった。たとえば，Marcinkiewicz（1993）とVoogt（1993）は，教員が授業においてコンピュータを利用することは，技術がそこでどのように統合されるかにかかっている点を論じていた（教育的発想から技術をとらえる）。しかし，1990〜2000年代に至る多くの関連研究の力点は，教育活動におけるコンピュータの利用に目が向けられていった（技術振興から教育の可能性を考える）。つまり1990年代後半は，その点でいえば，技術と教員の専門知識の関係に目が向けられていたとは言いにくい状況になっていった。そのようななか，Pierson（2001）は，技術の内容に詳しく，その利用者であった現職教員を対象に調査を行った。そしてその結果から，内容への技術の統合に関して，彼らは限定されたスキルしか持ち合わせていなかったことを明らかにした。そこから教室への技術の統合を考えた場合，SchulmanのPCK

と技術の統合の必要性やその意義があらためて強調されるようになってきた。

（2）2000年代に論議されていた授業におけるコンピュータ利用

このあと「教育」「内容」「技術」の統合に目を向ける動きが活発になり，Niess（2005）やKoehler & Mishra（2005）の論文が出されるにいたった。

Niess（2005）は，教育（教職）に関する知識と技術に関する知識の間につながりをもたせることの重要性を指摘し，「教育」「内容」「技術」がどのように統合されるべきかを述べた。そのときの技術は，一連のデジタル環境での技術に向けられていた。いっぽう，Koehler & Mishra（2005a, 2005b）は，授業のデザインアプローチと構成主義的な考え方に言及しながら，Schulmanの考えを引用し，授業に統合される技術の要素の重要性をモデルとして描き，Technological Pedagogical Content Knowledge（TPCK）という考え方の重要性を指摘した。そして学習を支援するすべてのもの（鉛筆，黒板，一連のデジタル環境など）に目を向けて技術を論じていた。

両者には，技術としてみている範囲にちがいはあったが，授業の道具として，教育方法の一貫としてコンピュータなどの技術を単に用いようとする当時の風潮に対して，教員の専門知識と関連づけて，技術を位置づけようとする道を開こうとした点は画期的であったといえる。

（3）TPCKからTPACKという考え方へ

その後，MishraとKoehlerは，SchulmanのPCKと技術の関係をより詳細に述べた論文を出し，それがTPCKにかかわって出発点としてよく引用されるMishra & Koehler（2006）につながっていった。しかしThompson & Mishra（2007-2008）は，TPCKを論議する教育サミットの後，文脈（contexts；技術が用いられる生徒の学年，クラス，学校など）によってその用い方は変わってくることなどを加味したモデル，つまりTotal PACKageの考え方を強調するために，TPCKをTPACKと略称変更することを明らかにした。Koehler & Mishra（2009）によれば，教員は，教室の，そこでの固有な文脈で，技術の何

をどのように活用するかを知る必要がある。「内容」「教育」「技術」の3つの要素によって定義される空間を柔軟に導ける力を磨くべきであり，固有な文脈におけるこれらの要素の複合的な相互作用を柔軟に導ける力を磨くべきであることを論じている。それらをより強く表現していくために，名称変更が進められたとしている（小柳　2016）。

4 教員養成の場で教員に求められる専門知識

世界で変わりつつある教員に求められる専門知識への要望は，日本でどのように取り扱われているのか。

それをみていくために，先に述べたTPACKの考え方の枠組みに，大学で現在行われている共通必修の技術とかかわる科目や教員の免許取得とかかわる技術に関与する科目を当てはめて考えてみたい（図6.1参照）。

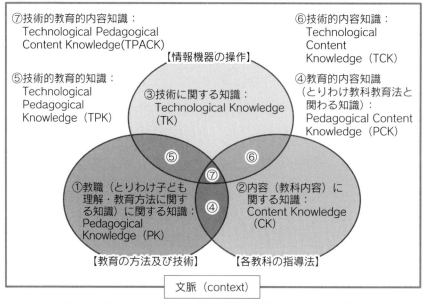

図6.1　TPACKモデルからみた日本の教員養成教育のICTに関する科目
出所：Koehler, M. C. & Mishra, P.（2008）

入学後すぐに行われる共通必修科目である「情報機器の操作」は，③の「技術に関する知識」を学生に培おうとしており，その後，教職科目として行われている「教育方法及び技術（情報機器及び教材の活用を含む）」は，⑤の「技術的教育的知識」を学生に培おうとしていると考えられる。最近では，免許法改訂の動きのなかで，コアカリキュラムとして，さらに「各教科の指導方法」に（情報機器及び教材の活用を含む）が加筆された。これは，④「教育的内容知識」あるいは，⑥「技術的内容知識」とかかわってくると考えられる。

　このように，教員に求められる専門知識に関して，先の学術的な世界においても，国の教員養成政策の動きのなかにも，「技術的知識」が，教員の専門知識として必要と考えられてきている動きが読み取れる。

　ここで重要なのは，科目を提供する側も，このような枠組みを参考にしながら，その科目でどのような専門知識を培おうとしているのか，何が必要なのか，全体で何が足りないのかを明確にすることである。学ぶ側も，意識的にその科目を通じてどのような専門知識を自分は磨いているのかを理解しようとすること，つまり双方の「専門知識と技術の関係に関する」メタ認知が必要である。意識化されない取り組みは，たとえ講義で内容の紹介やICTなどにふれる機会があっても，その意味や意義を深く考える機会はつくれないからである。

　また，先の2つ目の声「なぜ授業でICT等，新しい教育機器を使う必要があるのか」に対応しようとするならば，①の「教職に関する知識」自体を新たに見直していく姿勢が求められているとも考えられる。

　奈良教育大学附属中学校では，教育実習において，大学の講義などで学んできた技術に関する知識を発揮する場を設け，その専門知識がどのような学生にどのように生きて働く知識として機能しているかを，先のTPACKの考え方に基づき分析し，教育実習の効果的な内容と方法を検討している（佐竹ら2016）。このような先進的な動きは，今後，ほかの教員養成でも求められてくると考えられる。

5 教具としての ICT と学習具としての ICT

　しかし,「教職に関する知識」自体を新たに見直す考えを聞いたり,その経験をするにしても,それを授業づくりに実際に活かしていくことは容易ではない。「学校で勤務するときには,この学びや経験は生かせないのではないか。たとえば高校入試があり,それに責任をもつためには,今まで行ってきた経験から確実に,定着,習熟に実績がある授業方法を選ぶほうがよいのではないか」という声があるのは当然と思われる。

　実際に,先に取り上げた「教職に関する知識」自体を新たに見直す姿勢,生きている取り組みの事例はあるのか。それを生かしているポイントは何か。

(1) つくば市の取り組み

　2000 年から始められている OECD の生徒の学習到達度調査 (the Programme for International Student Assessment : PISA) は,周知のように国際的なコンソーシアム (日本の国立教育政策研究所も設立時から国際コンソーシアムのメンバーである) によって進められてきた。PISA は,そのキー・コンピテンシーの枠組みを下に,その調査を進めてきた。これまでは「1．社会・文化的,技術的ツールを相互作用的に活用する能力」に目を向けて調査が行われてきたが,最近では「2．多様な社会グループにおける人間関係形成能力」の接点とかかわる能力調査も計画されてきている。その際に,コンピュータを用いて各問題解決に取り組む調査などが行われてきている。

　このように,21 世紀に求められる能力像などを示しながら,その能力開発に向けて ICT を活用していく取り組みがある。つくば市は,この点に目を向けている。自治体レベルでこのような目標像を掲げ,それらに基づき,カリキュラム編成も考え,その力の育成を試みている取り組みはまだ希であるが,興味深い。

　つくば市は,2012 (平成 24) 年度に文部科学省の教育課程特例校の指定を受け,9 年間を貫く次世代カリキュラム「つくばスタイル科」を創設し,次世代スキルを子どもたちに培おうとしている。そこでは,8 つの内容 (環境,キャ

リア，歴史・文化，健康・安全，科学技術，国際理解，福祉，豊かな心）をもとに3つのステップ（In-About-For）で構成された発信型プロジェクト学習を行い，次世代型スキルの育成を実践している[1]。

その際に特徴的なのは9年間のカリキュラムデザインを考えた小中一貫教育を行っていること，もう1つは，教育におけるICTの活用を，この取り組みの推進の柱に位置づけていることである。

ICTの活用自体が，「手段・道具を活用するスキル（情報活用能力，ICT活用能力）」として次世代スキルのなかにも位置づけられているため，ICTを活用とかかわるスキルの育成はもとより，先の8つの学習内容を発信型プロジェクト学習で進めていく際に，ICTを活用し，次世代スキルの開発を効果的に進めている。

このつくば市の取り組みは，「21世紀型学力」との関連についていえば，まさに育てたい力の枠組みを表現し，それを具体的な実践でみせてくれる取り組みである。公立学校として学力保障・保証，学力向上に努めつつ，新たな視点から，今後求められる力を次世代型スキルとして，学力モデルを構築し，教育課程に位置づけ，実践を進めている1つの典型事例と考えられる。

このような取り組みにおける「ICTを活用した新たな学び」は，目的は次世代型スキルの育成であり，そのために「プレゼンテーションにおけるICTの活用」「協働的な課題解決におけるICTの活用」「グループウエアを使った小中学生の協働学習」「テレビ会議システムを用いた合同学習」などが行われている点が特徴的である。

（2）何が「教職に関する知識」自体を見直すポイントとなっているのか

この取り組みが，なぜ①の「教職に関する知識」自体を新たに見直し，授業づくりを考えて行くことに示唆的なのか。それは，たとえば図6.2にみられるSAMRモデル（Puentedura 2006）と関係づけると，その意味がみえてくる。つくば市の取り組みの場合は，①これまでの授業の組み立て方や流れ，方法に，ICTなどを代替で位置づけていくこと（Substitution），②単なる代替というよ

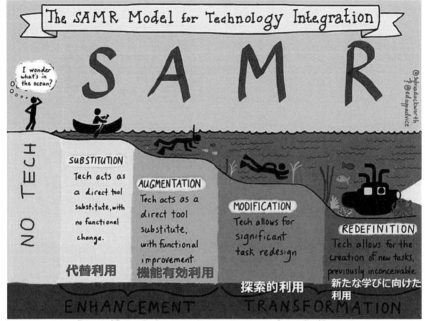

図6.2 授業におけるICT活用とかかわる取り組みの発展モデル

りも、ICTなどがもつ機能を活かして、それがもちうる可能性を使いながら（黒板による提示は拡大縮小ができないが、タブレットPCや電子黒板は注意を向けたい部分の拡大縮小が容易にできるなど）授業を進めること（Augmentation）といった2つの取り組みを越えようとしている。つまり、③めざしている目的（次世代スキル）とかかわって、意味ある課題を提供できるように技術を用いようとしていること（Modification）、④以前には思いもよらない新たな課題に取り組むうえで技術を活用しようとする（Redefinition）取り組みなどが、学校の実践報告の姿から垣間見られるからである。そのような挑戦的な取り組みは、まさに、教員に、図6.1で示した①の「教職に関する知識」自体を新たに見直し、授業づくりを考えて行くことを求めてくると思われるからである。そして、それに伴って⑤技術的教育知識、⑥技術的内容知識、③技術に関する知識を、

教員が磨くことを求めてくると思われるからである。ここには，技術プッシュというよりも，教育として何をめざすかを考えたときに，技術を活かす発想から授業づくりを考えていく挑戦的な姿勢が感じられる。

　教員が用いる教具としてのICTとしての活用だけでなく，子どもに次世代スキル（そのなかには情報活用能力の育成の位置づけもみられる）を培うために学習具としてICTを活用させようとする姿が位置づいている。つまり，教員が自分の授業のしやすさでICTを用いることはもちろん大切なことであるが，それを越えて，子どもにどのような力を培うかとかかわって，ICTが用いられている点がポイントである。その意味で，教員が自分の科目の授業づくりだけでなく，長い目で子どもの成長を組織的に支援していく，環境設計も含めた学習デザインをする授業づくりがより強調されてくることになると思われる。

6　ICTを活用した学習デザインのアイデア

　では，長い目で子どもの成長を組織的に支援する学習デザイン（環境設計も含めた）をどのように進めていけばいいのか。それらに関する調査結果やアイデアはあるのか。それに関して，世界の動きに目を向けてみると，次のような学習デザインの視点が示されている。

　英国のInnovation FoundationであるNESTAは，過去10年間くらいに出されているICT活用に関する論文を調べ（教育，心理，テクノロジーの論文），そこで報告されている革新的な取り組み1022の事例（結果26カ国），そして教員による革新的な取り組みとして報告されている300の事例（論文という形ではない報告集，教員のネットワークのブログなど）を集めた。そして，研究者チームによって，そこからその根拠なる裏づけのデータなどがある取り組みを210取り出し（リサーチベース124，教員によるもの86），さらにそれを専門家によるクロス評価や，教員などへの質問紙調査や対面調査を経て，150のICTを用いた革新的な取り組みを整理した。そこからNESTAは，以下のように学習に対して8つの新しいアプローチがあることを明らかにしている（Luckin et al. 2012）。

（1）見いだされている8つのアプローチ

1つ目は，専門家からの学び（Learning from Experts）である。これはICTの活用により学習者が接触できるデータ量が拡大し，専門家が示すデータやアドバイスなども活かしながら教師の支援を受けることができるようになったことに起因するものである。ここでの学びは，専門家が示すデータやアドバイスなどを活かし，教師とともに一緒に考えていく学びを意味している。

2つ目は，他者からの学び（Learning with Others）である。これは，クラスメートと協同学習を通じて，課題に対する相互理解を深め，相互のかかわりを活発化させ，知識を構築していくコミュニティをつくっていくこととかかわる学びの姿である。それにICTを道具（理解に近づく支援の道具，表象を表現する道具，コミュニケーションの道具）として活かし，学んでいくことを意味している。「知識構築」により力点を入れ，それによって学習のコミュニティをつくっていく点（所与のグループでの課題解決を越えて，課題に応じてグループを構成していく取り組み）が意識的に取り入れられている。

3つ目は，ものづくりによる学び（Learning through Making）である。これは学習者が自分のイメージや理解していることを，ICTを活用して「もの」で表現し，ほかの人と共有できる「もの」をつくっていくことを意味している（MIT Scratchを用いてものに動きをつけるなども含まれる）。

4つ目は，調査を通じた学び（Learning through Exploring）である。これは，学習者が関心のあることとかかわって情報を探したり，ある組み合わせのルールを用いて（電子ブロックなど），そこにある法則などを明らかにしたりする学びを意味している。これは，調査を通じて課題探求をしていく学習や教科横断的なテーマで行われる取り組みでよくみられる姿と似ている。

5つ目は，探究を通じた学び（Learning through Inquiry）である。これは，学習者が，問いを立て，発見をめざしデータを集め，テストを繰り返したりしながら，エビデンスをもって現実世界の問題に働きかけていく学びを意味している。

6つ目は，実践を通じた学び（Learning through Practising）である。これは，

学習者がこれまで得てきたスキルをさまざまな文脈で活かす機会を提供する学びを意味している。よく試みられているのはゲーム的要素をもつアプリケーションなどを用いて，設定された現実世界に近い条件の問題解決をしたりする学習があげられる。コンピュータを用いて，描かれた現実世界を想定した問題解決を迫られる点で，コンピュータを用いたPISA型問題の解決と似ている。

7つ目は，アセスメントからの学び（Learning from Assessment）である。これは，学習者が知っていることと知らないことを，ICTを活用して明らかにし，学習者自身が自分の成長につなげていくことを支援する学びを意味している。これは，「学力保障・学力向上のためにICTを活用していく取り組み」と似ている。子どもたちに，どこがわからなくて理解できないかを気づかせたり，自分の思考プロセスや得意としていることを視覚化し，メタ認知の力をつけさせたりすることをねらっている。

8つ目は，あるセッティングのなか，またそれを越えた環境下での学び（Learning in and across Settings）を関係づける学びである。これは，自分の知識や理解を深めていくためにあるセッティングでみえてきていること，ほかのセッティング（ほかの単元，ほかの教科，学校内外でのフィールドワークなど）でみえてくること，ICTを活用して重ねつなげ学んでいくことを意味している。

（2） 8つのアプローチを活かしていくためには

これら8つは，NESTAによれば，単独に進められる場合もあるが，互いにかかわり，豊かな学習経験を生み出すために，各学びが組み合わされることも多く，ICTの活用がその粘着剤の役割を果たすことが述べられている（調査した取り組みの57％以上が，2ないし3つの学習を組み合わせていたということである）。

このように「ICTを活用した革新的な取り組みへチャレンジしようとする動き」は，学びを拡張させ，課題追求や問題設定によって新たなものへ挑み，学びを深めていく「深掘り螺旋」的な指導方法が，学習活動をデザインしていく際に用いられていることが多いことが読み取れる。

また，この報告は，ICTを学習活動で効果的に活かす学習の文脈にも着目

し，人々（教師，大人，友だち），道具（学習教材など含む），環境（学習が起こっている場），知識やスキル（教師の専門知識など含む）が，学習者に及ぼしている影響，またその間で制約を与えているフィルターなどをみていくことの重要性を指摘している。

　さらにICTを革新的，効果的に活用していくこととかかわって，①アセスメントを学習活動に活かす，②ものづくりによる学びとつなげる，③実践を通じた学びをよりアップグレードしていく，④現実世界を場に活かす，⑤より社会的な学びの場をつくることの重要性が述べられている。また，⑥産業と研究と実践をつなぐこと，⑦すでに手にしているリソースをよりうまく活用する，⑧学習のためのテクノロジーと活動を丁寧につなぐことが重要となることも指摘されている。

　このような重要性の指摘などから総合すると，ICTを活用した学び（one to one（タブレットPC1人1台）の授業の設計のヒントとして）は，「他者からの学び」，つまり協同学習・協働学習，また「問いを通じた学び」など，子どもたちの主体的な学びをベースとするアクティブ・ラーニングの志向性があること，またそのような活動でOutcome（成果）となるものが学習者自身にも他者にもみやすく共有できる「ものづくりを通じた学び」が併せてセットになっていることがその傾向としてみられることがわかる。また，これからの力点として，①アセスメントを学習活動に活かす，②現実世界を学びの場に活かす，③より社会的な学びの場をつくることも世界的な動きとして，重視されようとしていることが垣間見られる。

　しかし，Fullan & Donnelly（2013）による *Alive in the Swamp. Assessing Digital Innovations in Education* によれば，このLuckin *et al.*（2012）による報告は，ICT活用の動向について8つのレンズを通して革新的な取り組みの特徴を明らかにしたが，学校システムに変化を与えていくような取り組みの視点までは言及ができていなかった点が指摘されている。つまり，教育（方法），テクノロジー，システム（体制）の変化を連動させ，その実現を着実にしていくために（単に場当たり的でなく），組織的（学校，教育委員会，国）な取り組み

やシステム構築に向けた戦略や手続きが必要であることが指摘されている。
　体系的，組織的な取り組みに向けての示唆としては，Fullan & Langworthy (2014) が，先の論考を発展させた形で，*Rich Seam* のなかで述べている。そこには Luckin *et al.*, (2012) から明らかにされた個々の取り組み事例を，実際にシステム改革にまで具体化していくうえでのヒントが述べられている。革新的な取り組み①として，「one to one（タブレット PC 1 人 1 台）の未来型授業の設計」に関心のある方は一読をお薦めする。

7 評価の道具としての ICT と授業改善

しかし，ここでもう1つの疑問がわいてくる。

> 学習デザインが多様で豊かになり，子どもたちに学ぶ機会を保証したとしても，学力の向上は，それだけで期待できないのではないか。

　上記 6 で「アセスメントを学習活動に活かす」ことの重要性は指摘されていたが，実際にどのように活かしていくのか。

（1）学力保証・保障と ICT の活用

　すべての子どもたちに学ぶ機会を「保証」していく「学力保証」という責任は公立学校に当然求められる。これはほかの国々でもいえることであり，教員がなかなか確保できない途上国や広大な国土をもつ国々では，ICT を用いて，その国が学習者に求める力の育成に向けて，その機会を保証する動きがみられる。しかし，「学ぶ機会の保証」をしていても，教員としてその子たちに接していると，実際にそこで不足している力を補っていく取り組み，学びから自ら離れていく子どもへの手当（「保障」）などが，その役割として求められると感じると思われる。学校でいえば，それは，結果責任ともかかわってくることといえる。

　日本の場合，「知識・技能の習得」「課題解決に向けた思考力・判断力・表現力等の能力の育成」「主体的な学習の態度」といった学力の3要素が明らかに

されている。それと連動する形で，学ぶ内容なども示された教育課程編成の国の基準を示す学習指導要領や評価の枠組みも示されている。そのため，それに則して，学力保証・保障の取り組みも行われている。

そのため，学校では，多様な背景をもつ（家庭事情，能力事情など）子どもたちに，同じ学ぶ機会を保証することに努め，また個々の子どもに不足している力などを補おう（学力保障）と努めている。その際，学ぶ内容によっては，知ったこと，理解したことを自分の頭で整理していくことをしっかり確保することが重要となる。

しかし教員1人で対応ができにくい点も多々ある。そこで，1人1台のICTの環境が，その機会を保証し，個々の学習状況やニーズに対応する環境，道具として期待されてきた。また子どもたち個々の学習状況，学習スタイル，知覚のスタイルなどへも配慮しながら，子どもたちのやる気を喚起し，学びの継続性を支援し，力を伸ばしていく「学力向上」の取り組みにおいても，1人1台のICTの環境が，学力保障と同様に期待されてきた。

（2）ICTの活用と授業改善 ―2つの螺旋―

このような動きのなかで，「ICTを活用した授業」が行われる場合は，「積み上げ螺旋(らせん)」による指導を基本とした取り組みが多い。授業時間のなかで大きな割合を占める教科学習のなかでは，「知識・技能の習得」「その習得された力とかかわって課題解決を進める取り組み（活用の取り組み）」といった螺旋的に過去に学んだモノを使いながら少しずつ課題の難易度を上げて，ずらして活用させ，その習得を図っていく授業を設計される場合が多いからである。たとえば1人1台のICTの環境の利用も，「既習知識の再認，再生を通じて自分自身で何が習得できて，何ができていないところがどこかわかるための活用」「自分の考えを表現して試行錯誤をしながら考えていくことを支援する活用」「インターネットを利用した調査や情報収集，実験や行動の記録などに関わる写真や動画など収集・整理するための活用」「自分の考えを友達の考えと交流しながら考えを整理したり練り上げたりする活用」などが授業設計でよくみられて

きた。

　いっぽう，総合的な学習の時間では，教科内容に則して分けられた課題とは異なる教科横断的な複合的な課題に挑んでいくために，「掘り下げ螺旋」による指導が多くなってくる。課題に対して調べながら掘り下げて考えていく活動が多くなってくるからである。そのため，たとえば「ICTを活用した新たな学び」は，その課題分析とかかわって，「インターネットを利用した調査や情報収集，そして写真や動画などの記録のための活用」「情報の分類・整理などの活用」，また表現や交流活動とかかわって「協同発表のための活用」「共同制作のための活用」「学校外との交流ための活用」などを，授業設計に組み込む場合がよく行われてきたといえる。

　今後期待される「ICTを活用した授業」としては，他国の動きをみても，学校での貸与という環境から，子どもたち個々人がそれぞれの学習端末を家からもってくる環境に変わることが想定される。そのため，その環境を活かした取り組みが現れると考えられる。その場合は，「家庭への持ち帰り家庭学習のために活用」「学校の授業と家庭学習の効果的な連携のための活用」などが，より授業設計に位置づいてくる。したがってそれに向けた教育方法の検討（ICTを子どもたちの学びの記録を見て，個々の学習者に対応した授業デザインを考える方法の検討）が行われ，それを活かした授業設計が行われると考えられる。

（3）評価の道具としてのICTの活用

　「ICTを子どものどの姿や取り組みの向上に向けて集中的に用いるか」，つまり「どの姿や取り組みの要素を活性化させるためにICTの活用を方略的に組むか」を学校でデザインしていくことが重要となる。「ICTの活用」→「学力」がすぐに伸びると考えるのは当たり前だが早計である。そのため，ICTを教師の教具として（A），学習者の学習具として（B）用いるだけでなく，評価の道具として（C），さらにいえば，それらのデータを用いて，保護者と子どもを支援していく方法（D）を考える，また学校組織で戦略的に働きかけていく（E），これらのポイントをおさえた，全体的なデザイン思考をもった取

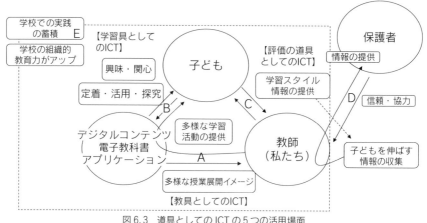

図6.3 道具としてのICTの5つの活用場面

り組みが重要となる（図6.3参照）。

8 これからの「ICTを活用した授業」を考える

以上，教育の情報化の動きのなかで，「ICTを活用した授業」はどのように考えられてきたか，またいるのか，考えられるのかを検討してきた。

今後の「ICTを活用した授業」の設計を考えると，その学習デザインは，教室という場を越える。したがって，教員には，「広い意味の教育学に関する専門知識」「教科内容に関する知識」に加えて，「技術に関する知識」，さらには学習環境の設計と密接にかかわる「場」に関する知識が求められてくる（Koehler & Mishra 2016）。これらの知識を，状況や条件に応じてどのように組み立てていくかを判断する文脈理解と判断力，そして刻々意思決定や次の授業の改善の思考ともかかわる省察力が重要となると考えられる。そして日々の学習において，長い目をもって子どもたちを育て（21世紀型学力を育てていくこともかかわって），1時間単位で，単元レベルで，年間を通して，学校全体通して，義務教育全体を通してなど，どのように組み立てていくか，その授業デザインが大切になり，併せて評価のデザイン力が重要となると考えられる。

> **深い学びのための課題**
> 1．授業における子ども理解，課題設定とICTの活用の関係を説明しよう。
> 2．授業改善に向けてICTを評価の道具として活かす際の留意点は何だろうか。

注
1）つくばスタイル科」「つくば次世代型スキル」http://www.tsukuba.ed.jp/~tsukubasummit/。

引用・参考文献
小柳和喜雄（2016）「教員養成及び現職研修における『技術と関わる教育的内容知識（TPACK）』の育成プログラムに関する予備的研究」『教育メディア研究』23（1），15-31頁
佐竹靖・松川利広・小柳和喜雄・竹村景生・今辻美恵子・山本浩大（2014）「マインドマップとICTを活用した効果的な教育 実習指導法の開発（1）―教育実習指導におけるマインドマップ活用の可能性」『次世代教員養成センター研究紀要』1頁；359-364頁
Fullan, M. & Donnelly, K.（2013） Alive in the Swamp. *Assessing Digital Innovations in Education*. London; Nesta.
Fullan, M. & Langworthy, M.（2014） *A Rich Seam*. Pearson.
Herring, M. C., Koehler, M. J., Mishra, P.（2016） *Handbook of Technological Pedagogical Conten Knowledge（TPACK）for Educators*. Second Edition. New York and London: Routledge.
Koehler, M. J. & Mishra, P.（2008） Introducing TPCK. in AACTE Committee on Innovation and Technology（ed.）*Handbook of Technological Content Knowledge（TPCK）for Educators*. New York and London: Routledge.
Luckin, R., Bligh, B., Manches, A., Ainsworth, S., Crook, C. & Noss, R.（2012） *Decoding Learning: The Proof, Promise and Potential of Digital Education*. London; Nesta.
Marcinkiewicz, H. R.（1993） Computers and Teachers: Factor Influencing Computer Use in the Classroom. *Journal of Research on Computing in Education*, 26（2）: 220-237.
Mishra, P. & Koehler, M. J.（2006） Technological pedagogical content knowledge: A framework for teacher knowledge. *Teachers College Record*, 108（6）: 1017-1054.
Niess, M. L.（2005） Preparing teachers to teach science and mathematics with technology: Developing a technology pedagogical content knowledge. *Teaching and Teacher Education*, 21（5）: 509-523.
Pierson, M. E.（2001） Technology integration practice as a function of pedagogical expertise. *Journal of Research on Computing in Education*, 33（4）: 413-430.
Puentedura, R. R.（2006） Transformation, technology, and education. Retrieved from http://hippasus.com/resources/tte/ puentedura_tte.pdf.（accessed 2015.12.10）
Schulman, L. S.（1986） Those who understand: knowledge growth in teaching. *Educational Researcher*, 15: 4 -14.
Schulman, L. S.（1987） Knowledge and teaching: foundations of the new reform. *Harvard Educational Review*, 57: 1 -22.
Thompson, A. D. and Mishra, P.（2007-2008） Breaking News: TPCK Becomes TPACK! *Journal of Computing in Teacher Education*. 24（2）: 38-39.
Voogt, J.（1993） Courseware for an inquiry-based science curriculum. An implementation perspective. Enschede: University of Twente, Faculty of Educational Science and Technology.（http://www.pearson.co.jp/pearson-microsoft-a-rich-seam/）

第7章
対話・討論を深める問いと学ぶ関係づくり

1 授業における対話・討論を問う意味
(1) 授業における子どもたちの分断

　授業の一風景を思い出してほしい。ノートに書いた自分の答えが「みんなの答えとは異なる」ことを知ったとき、あなたはどのように振る舞ったであろうか。自分の答えを発表して、互いの答えを吟味しあおうと要求した経験はあるだろうか。消しゴムで自分の答えを消したうえで「みんなの答え」を書き込み、「最初からみんなと同じ答えを書いていました」と耳を赤くしながら取り繕った経験はないだろうか。

　後者の経験を誰しも一度や二度はもっているであろうと推察されるが、そのときあなたはなぜ、答えを吟味しあおうと要求できなかったのであろうか。単純な間違いに気づいたからであろうか。それとも、「できない」自分をみんなに知られたくなかったからであろうか。

　授業はいまや、「わかるようになった／できるようになった」ことを互いに喜びあうのではなく、「わかった／できた」ことに安堵する時間と空間にとどまっているのではないか。換言するならば、達成することがめざされている事柄を「わかる／できる」ようになることが自明視され、「わからない／できない」でいる者の不安や悲しみは誰からも酌み取られないまま、「わからない／できない」ことが種々の個人的な事情に結びつけられて「劣った」者として眼差されるような時間と空間に、授業が成り下がっているのではないだろうか。

　こうした授業のなかでは、子どもたちは「わからない／できない」でいる者への蔑みを抱く者と、「ほかでもないわたし」として生きる誇りを少なくともこの授業においては傷つけられずに済んだことに安堵する者、さらには「わか

らない/できない」ことの積み重ねによって自らの尊厳が踏みにじられていく者へと分断されつづけていくのではなかろうか。

　子どもたちが主体的に，かつ対話的に深く学び合うような授業を展開できた場合には，上述してきたような授業をめぐる問題状況はすべて解決するかのように楽観視されてはいる。だが，そうした楽観視は，子どもたちは教師が求める「答え」や多数派に共有されている価値を「主体的に」忖度(そんたく)しようとすることもあること，対話において用いる言葉が人を傷つける道具にもなりうることなどに目を背けて初めて成立するものである。

　「主体的・対話的で深い学び」を実現すればすべてうまくいくというような思考停止状態に陥ることなく，子どもたちの対話がある授業とはいかなるものであるのかを，さらに深く考えていくことにしよう。

（2）差異の顕在化の回避と忖度する主体の形成の背後にあるもの

　子どもたちが授業のなかで生起している互いの不安や悲しみへの想像力を失ったとき，授業という時間と空間のなかに足を踏み入れることを躊躇したり拒否したりしている子ども（不登校状態にある子どもや教室を飛び出していく子どもなど）の存在は容易に忘却されていく。それだけではなく，授業のなかに居る者同士のあいだでも，互いの考えや振る舞いの違いを明らかにしつつ，その違いが何に由来しているのかを検証したり，その違いを互いに承認しながら合意形成を図っていくことを意識的ないし無意識的に避けたりしている状況も生じてこよう。この状況下にあっては，一方では同調圧力が強化され，他方では「他人がどうあろうと関係ない」という雰囲気がつくりだされることによって，学級集団のなかに居るにもかかわらず，よりいっそうの私事化・孤立化が進行していく。周知のとおり，私事化・孤立化は「弱肉強食」の思想ときわめて親和的であり，同調圧力の強化とも相まってその集団に権力的かつ暴力的な性質を付与していくこととなる。

　子どもたちが，いわば差異の顕在化を回避するような状況に学級集団が陥っているならば，権力をもつ者や多数派に対して忖度する行為が陰に陽に奨励さ

れることとなろう。それは具体的には，授業の進度を気にする教師の顔色をうかがって自らの思いや考えを言葉にしたり行動に移したりすることを控える子どもの姿として現れたり，「正解」とされる答えに対して疑問を投げかけることを諦め，思考を停止させる子どもの姿として現れたりすることになろう。ここには，「わからない／できない」子どもの声が響く余地はない。

　こうした現実が子ども集団のなかにあるとき，その集団は「正解」や「善」とされるものを無批判に受容することを当然視し，その集団に埋め込まれた権力性や暴力性さえも自明の理とするようになる。その際，当該の集団に適応できない者とのあいだに境界線を引くことによって，「ヤツラ」とは異なる「ワタシタチ」の世界を生み出す。この「ワタシタチ」の世界は成立の経緯から考えるならば自分自身をも傷つける可能性をはらんだ集団であることは明らかであるが，子どもたちの多くはその集団のなかに自らの居場所を見いだす努力を続けながら，束の間の安住を得ようとしていく。

　いずれは誰もが傷つかずにはいられないような状況下を子どもたちが生きているにもかかわらず，いやそうであるからこそ，「善」とされるものや既存の秩序―たとえそれが権力性ないしは暴力性を帯びていたとしても―に対する異議申し立てとみなされる行為は，その集団を成り立たせている価値観を揺るがす行為として断罪される。

　授業における対話・討論を模索する試みは，こうした状況への挑戦である。

（3）隷属からの解放あるいは秩序の再創造へ

　対話とは，単なるおしゃべりではない。言葉を介したやり取りすべてをさすわけでもない。「わかりあえないことから出発しようとするコミュニケーション」を考えようとし，そうした「わかりあえないなかで，少しでも共有できる部分を見つけたときの喜び」に迫ろうとする平田オリザは，「会話」と「対話」を区別して以下のように定義する。平田によれば，「会話」とは「価値観や生活習慣なども近い親しい者同士のおしゃべり」であり，「対話」とは「あまり親しくない人同士の価値観や情報の交換」あるいは「親しい人同士でも，価値

観が異なるときに起こるその擦りあわせなど」である（平田オリザ　2012）。すなわち，対話とは，異なる価値観や考え方をもつ者がともに生きるに値する時間と空間をつくり出そうとしたり，そうした時間と空間を創出するうえでの手がかりとなる「共有できる部分」を浮かび上がらせたりしたことを喜びあうような営みなのである。

今までも，対話は授業づくりの鍵概念として幾度も呼び覚まされてきた。対話が要求される問題状況とは押しなべて，子どもたちが生きる世界のなかで対話が忌避される傾向が強くあったり，あらかじめ設定された目標や内容への達成をめざして，ときにはその達成方法までも設定どおりに進むことが求められるような授業が陰に陽に求められる傾向が勢いを増していたりする場合であった。こうした状況を変革する鍵として，対話がくり返し登場してきたのである。

しかしながら，先述したように，こうした問題状況こそが子どもたちから，教室から対話を遠ざけているのである。「同質」の子どもなど存在しないはずなのに，同質であるように振る舞わざるをえないような同調圧力が蔓延している環境下にあっては，「期待」されている「答え」を求められているとおりに子どもに言わせただけであっても，「タイワノアル，ヨイジュギョウデアッタ」と賞賛されることさえあろう。

したがって，対話や討論のある授業を志向するならば，子どもたちに差異の顕在化を回避せずにはいられないように迫る状況をいかに克服していくかが，重要な課題として浮かび上がってくるのである。

2　対話・討論がひらく可能性
（1）対話する関係の構築に伴う恐怖

差異の顕在化を回避する状況は，「誰もあなたを傷つけないから，安心して語ってごらん」と呼びかけられたとしても，克服することはできない。

対話や討論がなされる場である公共空間について，齋藤純一は「自らを他に対して晒していく行為，自らの安全装置を部分的に解除する行為によって形成され，維持される」空間であるとしている（齋藤純一　2008）。この主張に依拠

するならば，対話や討論に参加するとき，その過程で交わされる言説にふれる（＝聞く）ことによって「みじめな自分」に気づかされたり，見つめないで済ませてきたものを突きつけられたりすることによって，懸命に維持してきた「安定」が大きく揺さぶられることもありうることが浮かび上がってくる。この場合，これ以上傷ついたり不安定になったりする恐怖を避けるためには，対話や討論が交わされる公共空間に参入することを拒否するか，激しい憎悪を抱いて攻撃に転ずるかを子どもたちは迫られることになろう。

公共空間への参入の拒否は，一方では「語り合わなくてもわかりあえる」と錯覚させてくれる「同じ匂い」を感じる子どもと行動をともにし，現実を見つめることから逃避するかのように刹那的な享楽にのめり込んでいったり，SNSなどに別人格の「私」を創造し，非現実を生きる「私」のあり様を雄弁に綴ることによって傷つくことを阻止しようとしたりする子どもの姿として現れる。他方で，現実と遊離した言葉のみを扱うことによって，自らの生活や自分自身のあり様を見つめることを避け，自分の生き方を問い直さないで済むように振る舞う姿として現れる。これらの場合，たとえ多くの言葉が飛び交っていたとしても，そこに居る子どもたちのあいだに対話はない。

子どもたちとともに対話や討論のある授業をつくり出そうとするとき，子どもたちのこうした恐怖への想像力を発揮しながら，この恐怖をともに克服していく手だてを模索する必要があるのである。では，果たしてその手だてとは，いったいいかなるものであろうか。

（2）「わたし」の祝福と対話の成立

対話を成立させる手だてにかかわって，ヴァルネラヴィリティ（vulneravility）という，医学や政治学の世界において，とみに注目されてきた言葉がある。一般に「脆弱性」や「傷つきやすさ」という意味を付与されてきた言葉であるが，近年では「攻撃誘発性」を含意した言葉でもあることが指摘されながら，傷ついた人々の苦悩に迫ろうと試みる際の鍵概念として用いられている（宮地尚子2010）。「これ以上，傷つきたくない」と願うあまりに責任転嫁したり，幼稚な

言い訳をしたりすることで、かえって周囲の怒りをかってしまっているような情景を想起するならば、この「攻撃誘発性」を含意したヴァルネラビリティという概念を生活現実に即して理解することができるのではないだろうか。

　傷つき苦しんでいるにもかかわらず、否、傷つき苦しんでいるがゆえに余計に、他者からの攻撃を引き出してしまう。苦悩するこうした子どもたちや教師たち自身が、他でもない授業のなかで交わされる言葉や身体との出会いを通して、自らの苦悩を引き受けつつ、他者とともに学ぶための仕組みをつくり出すことは、いかにして可能となるであろうか。

　こうした授業を追求することにかかわって、子安潤の提起はきわめて興味深い。子安は授業のスタンダード化を批判しながら、「授業づくりに欠落している教科内容研究、教材研究に位置を与え、教科書教材の定型的解釈を越える一歩を踏み出す」こととしての「文化性」と、「子どもの『わからなさ』や『戸惑い・逸脱』への応答を基本に授業を柔軟に進める」こととしての「やわらかさ」を提起する（子安潤　2016）。「正解」や「善」とされるものを無批判に受容することを当然視する状況下にあっては、子安のいう「定型的解釈を越える」ことは大きな不安を掻き立てることとなろう。「わからなさ」は自らの惨めさに直面させ、明確な「答え」を得ることができなかったり多数派とは異なる意見や考えをもったりすることに由来する「戸惑い・逸脱」は、恐怖すら引き起こすことになろう。だが、ここにこそ希望がある。こうした惨めさや不安、恐怖の感情が自分だけのものではないことに気づいたとき、人は安堵し、次の一歩への勇気を手に入れるからである。

　このことは、「自分だけではない」「ほかの誰かと一緒である」と安心している自分が、同様の惨めさや不安、恐怖を感じていたほかの誰かが安心を実感するきっかけとなる他者でもあることを意味してもいる。「他者の存在に励まされたわたし」は「ほかの誰かを励ます他者」でもあることに互いに気づき合ったとき、わたしたちは互いに励ましあう他者どうしとして、ともに学びに向かい合おうとするきっかけを手に入れることができるのではないだろうか。そうであるならば、このとき、互いのヴァルネラビリティに応答する倫理や仕組み

を兼ね備えた集団が産声をあげているともいえよう。

　こうした集団は、「わかって／できて当たり前」の事柄に疑問を差し挟ませることなく「主体的に」取り組ませていくような授業を乗り越え、白々しい拍手にごまかされることなく、わかった／できたことを喜び合い、互いの成長を祝福しあう授業を追求していくことを可能にしよう。この挑戦は必然的に、学ぶに値する内容や身につけるに値する力を子どもたち自身が吟味するほうにもひらかれていくであろう。

（3）互いの成長を祝福しあう授業と学習集団の思想

　かつて、「一人でわかる／できる」ことと「みんなでわかる／できる」こととの統一をめざす授業が理論的かつ実践的に旺盛に追求されていた時代があった。そこでめざされていた授業は、子どもたちが学ぶに値する教育内容や教材を吟味し、そこに内在する「真理・真実」を子どもたちに学びとらせることを通して、一人ひとりの子どもたちの学習権と発達権を保障する営みを追求しようとしたものであった（吉本均　1985）。それは子どもたちが「わかった／できた」ことを互いに喜びあう授業でもあったであろうことは想像にかたくない。

　こうした授業の成立を理論的に主導していた1人である吉本均は、「ひとりでわかる」ことのなかに「みんなでわかる」ことが含まれていると主張していた。このことにかかわって吉本は、「わかる」とはAがAでしかありようがないという必然性を認識することであり、AはBではなく、CやDでもないというほかの可能性の否定を媒介することによってはじめてAはAでしかないのだという認識（＝「わかる」）に至ると考えていた。すなわち、授業における対話や討論のなかで誤りやつまずきを含む互いの意見を出しあい、それらをともに吟味しあうことを通して「みんなでわかる」ことを追求するからこそ「ひとりでわかる」ことができるようになるのであり、そうであるからこそ一人ひとりの子どもの「わかった」という手応えや喜びには、「みんなでわかる」ことが含まれていると吉本は主張していたのである。

　「一人でわかる／できる」ことと「みんなでわかる／できる」こととの統一

をめざす授業は，それゆえに，一人ひとりの子どもが誤りやつまずきを含めて「自分の考え」を形成し，それを発言したり聞き取ったりする機会を大切にしようとしてきた。そのためにまず，教師の投げかける発問が一人ひとりの問いへと転化するよう心を配ったうえで，その問いに対する「自分の考え」をつくり出す個人思考の時間を確保する。その時間は単なる物理的な時間だけではなく，「おもしろい発見だね」「○○さんと似ているから，勇気を出して発表してほしいな」などの言葉を机間指導のなかで語りかけながら，子どもたちの思考を励ましたり，その子どもの思考の筋道を想像したりする時間であった。

　このような個人思考を経て，班（グループ）学習の時間において，少人数であることに由来する「安心感」と少人数であるがゆえにかかわらざるをえないという必然に依拠しながら，互いの考えを聞き取り，ときには考えの異同をめぐって対話をしながら，「自分の考え」を明確にさせていく。こうした過程を経て確かなものにしていった「自分の考え」を携えて学級全体での集団思考の場に臨ませ，そのなかでさらなる吟味をし合いながら，一人ひとりに「わかる」ことを保障しようとしてきたのである。

　個人思考を保障する個別学習―班（グループ）学習――一斉指導という，授業における学習形態の交互転換は，対話や討論を授業のなかに呼び込むことで，わかった／できたことを喜びあい，互いの成長を祝福しあう授業を追求していこうとしていたと考えられるのである。このとき，対話や討論は授業の目標を達成するための手段であると同時に，教師が子どもたちを大切にし，子どもたちが互いを大切にしあう授業をともにつくり出すという，教育実践を支える思想でもあったのである。

　しかしながら，「一人でわかる／できる」ことと「みんなでわかる／できる」こととの統一をめざす授業にあっては，「わかる」に到達するうえで重要な役割を果たす「否定」される考えについて，それを表明した子どもの感情にまで思いを馳せる授業構想であったとはいいがたい。こうした授業構想上の弱さは，先述したような差異の顕在化を回避しようとする子どもたちの現実に直面したとき，その意図に反して，忖度する「主体」を形成することに寄与することに

なろう。またこのことは，授業における関係性の問題にとどまらず，授業における認識あるいは知の構築の問題にもつながる重要な論点でもある。この点について，節を改めて考えてみよう。

3 対話・討論へと誘う問いの生成
(1)「対立・分化から共感・統一へ」再考

「一人でわかる／できる」ことと「みんなでわかる／できる」こととの統一をめざす授業を積極的に追求してきた学習集団論においては，その理論的かつ実践的な探求を通して，「応答関係の質的発展」と表現される指導構想を生み出してきた。その指導構想とは，①（話す－聴くという関係を教師と子どもから子どもの間へと発展させる）対面する関係の指導，②（うなずいたり首をかしげたりして内容にかかわって応答関係を成立させる）うなずきあう・首をかしげる関係の指導，③「わからない」を出すことの指導，④（発問によって子どもたちのなかに対立したり分化したりした意見を引き出し，応答的な集団思考の契機をつくる）発問による対立・分化の指導，⑤（接続詞でつながる問答や討論を組織する）「接続詞で関わりあう」関係の指導，というものである（吉本均　1979；久田敏彦　2016）。

この指導構想のうち，とりわけ④と⑤にかかわって久田敏彦は，対立したり分化したりしている子どもたちの意見は教師の発問によって意図的に引き出されるがゆえに，教師の問いへ子どもたちの思考を従属させていく可能性をはらんでいることを指摘する。さらに，そうした対立・分化した意見は接続詞でつながる問答や討論を経て科学的に正しいとされる知へと収斂していくことが想定されているがゆえに，知の真理性を批判的に問い返すという主体性を子どもたちから奪っていく可能性を孕む指導構想なのである（久田　2016）。

教師の問いに子どもたちの思考が従属しているとき，なぜその問いを追求しなければならないのかについて疑問を差し挟む機会は，子どもたちには許されていない。それどころか，教師の問いに対する「答え」ではなく，問いそのものを吟味することなど思いもよらない集団となっていることは明らかであろう。

また，知の真理性を批判的に問い返すことの重要性は，2011年3月11日を境に教育界を超えて広く共有されたようでもあったが，活動主義的な授業がもてはやされる状況のなかで，特定の知へと到達する筋道の如何は問われても，知の真理性を問う意識はまたもや希薄になりつつある。こうした状況を背景の1つとして，「授業スタンダード」と呼ばれる，授業の進め方の標準化が当然のごとく学校現場に浸透してきているとも考えられよう。

（2）「知を再定義」する営みとしての対話・討論

　授業の進め方の標準化の一例として，大阪府教育センターが作成した「大阪の授業STANDARD」が想定している授業像をみてみよう。

　「大阪の授業STANDARD」第1章に当たる「大阪の授業STANDARDがめざすもの」のなかで，「子どもを大切にする」「子どもの力を信じる」「子どもの力を引き出す」ことを冒頭で大きく掲げながら，「『先生が教え込む授業』から『子どもが学びとる授業』への転換」という「授業改革」を進めていくのだと高らかに宣言している。そこでめざされている「子どもが学びとる授業」は，「子ども主体の授業」と言い換えられながら，授業は以下の5つの段階で構成すべきことが述べられている。すなわち，「出会う（課題を積極的に受け止め，意欲的に向かい合う）」「結び付ける（既存・既習の知識・技能と結び付ける）」「向き合う（自分の力を頼りに一人で課題に向き合う）」「つなげる（友だちの考えをつなぎ，考えを深める）」「振り返る（自己の学びを振り返り，自己評価を行う）」である。

　ここでは，特徴的なことを2つ言及しておこう。第一に，上記の「出会う」段階においては，子どもたちに教師が用意した「課題」に対する「積極的」で「意欲的」な態度が要請されるが，「なぜその課題に取り組まなければならないの？」といったような子どもたちからの問いかけが出てくることはおそらく想定されていない。第二に，「つなげる」の段階においては，「発表させる考え」を選択する際には，「比較検討させた結果，本時の目標に到達」させるために「必要な代表的意見を複数取り上げ」るべきことが主張され，「小学校の発達段

階では，多くても 5 つくらい」だと述べられている。「考えを発表させるポイント」として「多様な考えや意見を大切に取り上げる」と記載しているにもかかわらず，多様な考えや意見は教師があらかじめ設定した目標に誘うための道具の位置に貶められているのである。

このとき授業は，授業者によって設計された枠組みのなかで，その枠組みそれ自身を問い直すことをさせないように思考させる時間と空間となる。そこで展開される学習の営みにおいては，劇的事件は起こりえず，したがってその時間と空間においては，授業者の「お眼鏡に適う」，理性的な言語のみが語られることとなろう。ここでは，わからなさやできなさに基づく戸惑いや不安，恐怖，怒りといった感情ないし情念に突き動かされた言葉や行為は，不適切なものとして排除される。この場合，そうした言葉に耳を傾け，その行為の意味を読み取ろうとする子ども集団が形成されていくわけもなく，いやむしろそれらの言葉や行為は授業を妨害するものとして忌避され，結果としてわからなさやできなさに基づく感情や情念は，子どもたちそれぞれの内面に鬱屈させられていくこととなろう。

ここから，「大阪の授業STANDARD」がはらむ問題として，大きく 2 つの点が浮かび上がる。第一に，「子どもが学びとる」べきものとしてあらかじめ設定された目標としての知識や技能それ自体は決して子どもたちとともに吟味する対象とはならず，したがってその授業のなかで育まれることが期待されている「思考力・判断力・表現力」も，想定されている「善」なるものへと無批判に，かつ直線的に近づいていくための力にしかならないという問題である。第二に，期待されている「答え」や特定の「やり方」以外の考え方を提起したり，自らの考えや行為が受け入れらずに荒ぶる状態へと陥ったりする者は，秩序を乱す者として忌避され，排除されるであろうという問題である。これらの問題は，効率的な授業進行を邪魔されたくない教師の思惑と，「わからない」「できない」ことが級友に知れわたることを恐れたり，授業進行を止めることで「迷惑をかけたくない」と思ったりするような子どもの振る舞いとがあいまって，子どもたちのあいだに広く，深く浸透していくこととなろう。

こうした問題状況を克服するにあたって，学習集団の授業構想がはらむ弱さを克服するために久田が提起した視点が，重要な意味をもつものとして改めて浮かび上がってくる。すなわち，1つには，問うこと自体を教え，その問いを「他者につなげながら複数の問いや課題を立ち上げてこれを共同探究することを教える」回路を構築し，教師と子どもたちとによる問いや課題の共同決定を模索することである。もう1つは，共同決定された問いや課題の探究の過程のなかで展開される「自己の真実から科学知をともども批判的に問い直す対話」，ひいては「自己の真実それ自体も同時に捉え返しうるような対話」を通して，「共同知」を生成することを模索することである（久田　2016）。
　こうした提起を受け止めるとき，授業はいかなるものとして創造されることになるであろうか。その可能性と課題について，考察をさらに進めていこう。

（3）「知を再定義」する営みとしての対話・討論
　学習という営みを文化的ないしは社会的実践への参加として捉え直そうとした正統的周辺参加論（レイヴ＆ウェンガー　1993）の提起も1つの契機として，1990年代以降，学ぶ過程のなかでその対象となる知識や技能を今一度社会的ないし文化的な文脈に位置づけ直そうとする動きが活発化していた。そのなかで，「子どもの権利条約」やユネスコの「学習権宣言」で描かれた構想にも示唆をえながら，現実世界のあり様を子どもたちが自らの権利の側から批判的に読み取り，そこで明らかとなる問題状況を克服する歩みに参加することを志向する授業が模索されてきた（竹内常一　1994）。
　このとき対話や討論は，教師の発問に疑問を抱かないことに典型であるような，「学校の権力的なコンテクストに従属して世界（テクスト）を読む」こととは異なり，「互いに異質な人びとの生活コンテクストを重ね合わせつつ，世界を批判的に読み開いていくもの」であると同時に，「自他のコンテクストのなかにかくされている世界（テクスト）を共同してつくりだしていく多声的な方法」であるとされる（同上）。子どもたちが自らの生活文脈のなかで獲得してきた「ものの見方・感じ方・考え方」に基づいて自分なりに挑戦した教材の

解釈を，同様の過程を経て生み出された他者の解釈と重ね合わせながら「自らのものの見方・感じ方・考え方」を問い直しつつ，さらには互いの解釈の背後に見え隠れしている世界を引き出し，構築していく方法として，対話・討論はあるのである。

　こうした学習の営みを実現する方法としての対話・討論の可能性にふれ，たとえば小学校教師である鈴木和夫は，社会科の「日本の工業」を扱う単元において缶コーヒーを教材として取り上げたり，理科の「人と環境」を扱う単元において『風の谷のナウシカ』を教材として取り上げたりすることを通して，子どもたちがどのような社会であればよいのかを考えあわせ，そのことをめぐる対話・討論のなかで，いまを生きる子どもたちが自らの言葉で世界を名づけ直すことへと誘おうとしていた（鈴木和夫　2005）。いわば鈴木は，互いの生活文脈をたずさえて臨む対話・討論を通して「知の再定義」に挑戦させていきながら，子どもたち自身が生きるに値する世界を構築する経験を保障しようとしていたのである。このとき，授業が行われる教室は，子どもたちを閉じ込める牢獄ではなく，未来を子どもたち自身が創造する壮大な実践現場となろう。

4　子ども集団が学ぶ集団になるとき

（1）問いを深める作法としての共通教養の可能性

　世界を引き出し，構築していく対話・討論という方法は，現代社会との直接的な関係を想定しやすい教科や単元でのみ取り上げうるというものではない。たとえば，中学校の国語科の教師である高橋智佳子は，文学作品を教材として取り上げる授業において，対話・討論のある授業を展開している（高橋智佳子 2016）。

　子どもたちの入学当初から高橋は，文学作品を読むうえで重要な「視点」や「表現技法」に関する知識を体系的に獲得していけるよう，国語科としての教育課程編成に心を配る。そのなかで，たとえば「比喩」について言及するならば，それは「二つの言葉の概念・形象が重なり合い響き合って」成立するものであることを押さえさせ，かつ「結びつけられた二つの言葉には何らかの共通

のイメージが存在する」という理解を子どもたちが獲得できるように単元を構成し，日々の授業を実践してきたという（同上）。

　こうした経験をふまえて高橋は，子どもたちは「友達の選んだ言葉には，自分一人では思いつかなかった意味も含まれている」ことを知り，その読み取りを「自分の中に取り入れながら虚構の世界」の形象を精緻にしていこうとするようになる。同時に子どもたちは，「友達の表現の豊かさに刺激を受けて，今度は自分が『もっと深くもっと丁寧にもっと豊かに読み取り表現しよう』と身を乗り出し，新たな言葉が自分の中で誕生する」ことにさえ到達するという（同上）。

　ここで注目すべきは，高橋が子どもたちに獲得させようとした知識の可能性についてである。すなわち，子どもたちが「比喩」という技法を深く知れば知るほど，またその技法に習熟すればするほど，仲間の声に耳を傾けようとするようになるのである。加えて，仲間の声をもっと聞き取りたいと思えば思うほど，子どもたちは技法への習熟に情熱を傾けるようになることを，高橋は実践を通して明らかにしているのである。

　作品が発している何かしらの「声」を聞き取るための知識の獲得と習熟が，他者への関心を広げ，ともに学ぶ仲間として互いに登場しあう可能性にも拓かれる。「学習指導要領に記載されている」から知識や技能を教えるのではなく，その知識の獲得と習熟が子どもたちをして仲間とともに生きるに値する世界を形づくるほうへと歩みはじめる可能性をもつからこそ，私たちはそうした知識や技能を子どもたちに保障する責任があるのである。

（２）学習規律づくりへの子どもたちの参加と自尊心の形成

　このように考えるならば，授業のなかでも規範意識を徹底させるべく，「毅然とした態度」で子どもたちの行動を取り締まり，罰を与えさえしながら「規律の整った」授業をつくり出そうとする教師の行為は，知識を生活文脈に即して吟味する機会を子どもたちから奪い，あまつさえ子どもたちの仲間への意識を希薄化させることにもつながろう。

規律を守って初めて学びが成立するのではなく，子どもたちが「この仲間たちとともに学びあいたい」という願いに裏打ちされているからこそ，必要な規律が生み出されてくるのである。その意味で学習規律とは，子ども集団の外側から押しつけられてよいものではなく，子どもたち自身が必要に応じて生み出したり，改廃したりしていくものなのである。このように学習規律を把握するならば，1学期当初につくった学習規律が3学期に入っても必要であるような子ども集団は，集団としての質的な発展を果たすことのできなかった集団としての謗りを受けても反論することができないであろう。

　先に言及した高橋は，「この授業はあらかじめ決まっているゴールに向かっているのではなく，その教室に自分（と仲間）がいるからこそ生まれるただ一つのものなのだ」ということを子どもたちが実感できるようになっていったときに初めて，「未熟な自分をもさらけ出し，応答しあえる安心感のなかで『能動的な学び』が大きく動き出すのではないだろうか」と問いかけていた（高橋2016）。学ぶに値する内容を選び取り，その内容に迫るための知識の獲得と習熟が仲間の存在を呼び込み，そうした仲間とともに学びあいたいと願うからこそ，子どもたちは仲間の思いや願いへの想像力を発揮しながら，学習規律を立ち上げいく。このとき子どもたちは，ほかの誰でもない，固有名詞を備えた「わたし」と「あなた」として学びにともに向かいあっていくことになろう。こうした授業をつくり出した達成感に支えられて，子どもたちは他者とともに自分自身として生きることの誇りと自信を形成していくのである。

（3）学べば学ぶほど仲間ができる授業づくりへ

　授業はときとして，「正答」とされる1つの考えのみが飛び交う時間と空間となり，それに異を唱えたり，適応しづらかったりする者は「異端者」として排除される。あるいは「正当」とされる資質や能力をどれほど身につけているかで値踏みされ，「価値が高い」と評価された者はさらなる競争へと駆り立てられ，「価値が低い」と評価された者は蔑まれる。このとき，子どもたちは互いに「敵」となるか，関心を寄せる必要もない「物」となる。

だが，対話・討論のもつ可能性に気づいた教師たちは，仕方がないと諦めて「敵」か「物」の二択へと子どもたちを追い込むことを潔しとせず，授業の時間と空間のなかで子どもたちとの対話・討論を生み出しながら，いまあるものとは異なる，もう1つ別の授業や学級，学校を，ひいては世界をつくり出そうとしてきたのである。

　こうした営みに教師とともに参加するなかで，子どもたちは互いに仲間となっていく。それは，「仲良し」であることを必要条件とはしない。ある問題を考えていくために，どうしてもその考えを聞かせてほしいと願わずにはいられない，そのような存在である。それは奇天烈な考えを求めているわけではない。自らの生活文脈に即して考えようとするからこそ，「生活文脈を異にするあなたにはこの世界はどのように見えているのか」が気になり，その見え方を重ね合わせたくなるのである。子どもたちは互いの見え方のなかに同じところを発見して安心したり，励まされたりしながら，また異なるところを発見して興味をかき立てられたりしながら，互いへの関心を高めていく。その延長線上に，仲間として出会うことになるのである。

　あなたには学ぶ仲間がいるであろうか。その仲間の1人が，あなたがこれから出会うことになる子どもであってほしい。

深い学びのための課題
1. 互いに異質な他者であることが肯定的に受け入れられる場が成立する条件とは何だろうか。
2. 授業のなかで，仲間の発言に知的な関心が向くようになるための条件とは何であろうか。
3. 対話・討論が成立した授業をつくり出すことができたとき，そのなかでの教師と子どもの関係や子どもたちどうしの関係を最も的確に表現する言葉は何か話し合ってみよう。

引用・参考文献

子安潤（2016）「子どもの未来をひらく授業づくり」子安潤・坂田和子編著『学びに取り組む教師』〈シリーズ教師のしごと4〉高文研，17-38頁
齋藤純一（2008）『政治と複数性―民主的な公共性にむけて』岩波書店
鈴木和夫（2005）『子どもとつくる対話の教育』山吹書店
髙橋智佳子「伝え合いながら学びの道筋をつくり出す」子安・坂田編著，前掲書，165-189頁
竹内常一（1994）『学校の条件―学校を参加と学習と自治の場に』青木書店
久田敏彦（2016）「アクティブ・ラーニングと学習集団研究」深澤広明・吉田成章責任編集『学習集団研究の現在 Vol.1 いま求められる授業づくりの転換』渓水社，42-52頁
平田オリザ（2012）『わかりあえないことから―コミュニケーション能力とは何か』講談社
宮地尚子（2010）『傷を愛せるか』大月書店
吉本均（1979）『学級で教えるということ』明治図書
――（1985）『授業成立入門―教室にドラマを！』明治図書

第8章
総合学習をつくる

1 総合学習の独自性とは何だろうか

（1）総合学習とは何か

　総合学習と教科の学習やそのほかの活動とは，どのようなちがいがあるのだろうか。

　皆さんは，小中高校時代に「総合的な学習の時間」（以下，「総合の時間」）にどのような活動を行ったか覚えているだろうか。おそらく多くの人は，環境問題について調べたとか，ボランティアをしたとか，修学旅行の行き先について調べたりしたことを思い出すだろう。

　しかし，環境問題の学習やボランティア，修学旅行の取り組みは，「総合の時間」だけでなく，各教科の学習や教科以外の活動（特別活動など）でも取り組みは可能である。理科や社会科の学習で環境問題について学ぶことと，「総合の時間」で環境問題について学ぶことのちがいはどこにあるかと尋ねられたら，皆さんはどう答えるだろうか。ここに総合学習という存在の規定のむずかしさとともに，総合学習が現在取り組まれる意味を改めて考える必然性がある。

　もともと「総合学習」という呼称は，1970年代に日本教職員組合による教育改革の提案のなかで用いられ広がった。そのため，1990年代に「総合的な学習の時間」が学習指導要領に登場した際には，歴史的な成立過程・思想・実践などのちがいに基づき，民間教育運動由来のものを「総合学習」，学習指導要領に基づくものを「総合的な学習（の時間）」，両者を含めて全般的に論じる場合「総合的学習」と区別して呼ぶこともあった。いずれにせよ，「総合学習」「総合的な学習の時間」「総合的学習」と呼ばれるような学習は，教科学習や教科外活動との関係において，その独自性やあり方が問題にされつづけてきた。

本章では，歴史上の固有の名称については，「総合学習」「総合の時間」と表記するが，これらのような学習一般について述べる場合には総合学習と表記し，総合学習のあり方について考えていくことにする。

(2)「総合的な学習の時間」はどのように規定されているか
まず，学習指導要領においては，「総合の時間」はどのように規定され，各教科やほかの活動とのちがいが示されているのかをみてみよう。
『小学校　学習指導要領（平成29年3月告示）』では，「総合の時間」の目標は，「探究的な見方・考え方を働かせ，横断的・総合的な学習を行うことを通して，よりよく課題を解決し，自己の生き方を考えていくための資質・能力を次のとおり育成することを目指す」と示されており，さらに学力の三要素（①知識及び技能，②思考力，派弾力，表現力等，③学びに向かう力，人間性等）に対応して育成すべき資質・能力が示されている。
この規定から，「総合の時間」は，①探究的な学習，②横断的・総合的な学習，③「自己の生き方を考えていくための資質・能力」の育成をめざす学習という3点の特徴があることがわかる。
なお，『小学校学習指導要領解説　総合的な学習の時間編』（2017年）では，探究的な学習は，学習過程にかかわるもので，課題の設定，情報の収集，整理・分析，まとめ・表現という学習活動を行うことであり，その際に，他者と協働して主体的に取り組む活動になることが求められている。これに対し，横断的・総合的な学習は，学習の対象や領域に関わるもので，「この時間に行われる学習では，教科等の枠を超えて探究する価値のある課題について，各教科等で身に付けた資質・能力を活用・発揮しながら解決に向けて取り組んでいくこと」と説明されている。

(3) 総合的な学習の独自性への疑問
上記のような「総合の時間」の特徴の説明には，疑問も残る。
第一は，探究的な学習過程は，「総合の時間」だけでしか行えないものかと

いう疑問である。探究的な学習で示された学習活動は，各教科で展開することも可能であるからである。

　第二は，横断的・総合的な学習の対象となる教科などの枠を超えて探究する価値のある課題は，「総合の時間」においてしか扱えないのかという疑問である。たとえば，「総合の時間」の課題として頻繁に取り上げられる「環境」という課題は，社会科，理科をはじめ，道徳，生活科，家庭科，特別活動などで取り扱われてきており，教科等の枠を超えて探究する価値のある課題は，「総合の時間」だけでなく教科においても探究されることは可能だからである。

　第三に，各教科等で身につけた資質・能力を活用・発揮していく学習は，「総合の時間」のみでしか行えないのかという疑問である。たとえば，国語で身につけた言語能力は，ほかの教科の学習や諸活動でおおいに生かされているし，社会や理科で身につけた社会や自然に関する認識は，国語の物語や説明文を理解する際にも活かされているなど，各教科等で身につけた資質・能力がほかの教科や活動で活用・発揮されている場面は無数にあるからである。また，「自己の生き方を考えていくための資質・能力」の育成も，「総合の時間」だけでなく，教育課程全体で指導することを追求するほうが適切ではないだろうか。

　以上のように，「総合の時間」の独自性を説明しようとすると，各教科や諸活動とのちがいを明確に説明することがむずかしいことがわかる。「総合の時間」は，学校の特色ある活動を展開する時間の確保のためと「生きる力」を育むためという理由で1998年告示の学習指導要領から教育課程に位置づけられたが，当時からその設定理由に対しては，多くの疑問や批判があった。

　総合学習とは何か，教育課程上にどのように位置づけられるのかということをめぐっては，1970年代前半の日本教職員組合（以下，日教組）による「総合学習」の提起から対立的な議論があり，多様な見解がある。また，これまでの議論では，総合学習だけでなく学校教育のあり方も問われており，今日私たちが総合学習を構想するうえで重要な視点を提起してくれる。

　そこでつぎに，総合学習が登場した際に，どのような議論があったかをみながら，総合学習をどのような学習として考えればいいのかを検討してみよう。

2 総合学習は教育課程においてどう位置づけられてきたのか

(1) 総合学習の本質をめぐる議論の始まり

過去に，総合学習はどのような学習として構想されてきたのだろうか。

日教組が「総合学習」を提起したのは，1970年代前半である。日教組は，当時の教育改革が能力主義的かつ国家主義的な再編をめざすものであると批判し，改革の中心であった中央教育審議会（以下，中教審）と教育課程審議会に対抗して，教育制度検討委員会（梅根悟会長：1970年12月～74年5月）と中央教育課程検討委員会（梅根悟会長：1974年9月～76年5月）を組織し，教育全体の改革の方向性とともに，学習指導要領に対する日教組版学習指導要領とも呼ぶべき具体的な教育課程を提起した。

両委員会は，高度経済成長を背景にした教育内容の現代化による学習内容の高度化・抽象化および過多と，それらを促進する教育の能力主義的再編の進行によって，子どもが自分の生活とのかかわりから学ぶことの意味を実感できないような知識の詰め込み教育となっている状況が生まれていることを問題にした。そして，こうした問題状況を改善するために，子どもの実生活と結びついた主体的な学習の展開を試みる戦前・戦後の民間教育運動の遺産を継承し，それを今日的に発展させる目的で，「総合学習」を提起したのであった。

(2) 日教組の「総合学習」の目標・内容・方法と教育課程上の位置づけ

日教組が提起した「総合学習」の構想は，中央教育課程検討委員会『教育課程改革試案』（1976年）で具体的にみることができる。この『教育課程改革試案』は，教育課程の編成方針と各教科・活動の目標・内容・方法を示したもので，日教組版の学習指導要領とも呼ぶべきものであった。この『教育課程改革試案』において「総合学習」の目標および内容・方法，また教育課程上の位置づけがどのように示されていたかみてみよう（中央教育課程検討委員会 1976）。

「総合学習」の目標は，「個別的な教科の学習や，学級，学校内外の諸活動で獲得した知識や能力を総合して，地域や国民の現実的諸課題について，共同で学習し，その過程を通して，社会認識と自然認識の統一を深め，認識と行動の

不一致をなくし，主権者としての立場の自覚を深めることをめざすものである」と示された。

つぎに，「総合学習」の内容であるが，問題発生の場からみて，（ア）学級・学校行事への取り組みのなかから，発展させる，（イ）学級・学校内でおこった問題や家庭生活上の諸問題の究明（日常的な問題の総合学習），（ウ）地域・さらに国民的，人類的諸課題の究明（時事的な問題の総合学習），（エ）科学上の発見，社会体制の転換期など（「ガリレオ」「明治維新」「フランス革命」など）の諸問題の究明（歴史的理論的な総合学習）の4つの柱に分けられている。これらの内容は，「未来の主権者たる子ども・青年たちの成長に不可欠な国民的諸課題への取り組み」であるとし，（ア）生命と健康にかかわる問題（医療・家族・性・公害などの問題），（イ）人権にかかわる問題（けんか・差別などの問題），（ウ）生産と労働にかかわる問題（遊び・飼育・栽培・収穫などの問題），（エ）文化の創造と余暇の活用にかかわる問題（誕生会・学芸会・文化祭・マスコミなどの問題），（オ）平和と国際連帯にかかわる問題（原爆・平和・戦争・在日朝鮮人との連帯などの問題），（カ）民族の独立にかかわる問題（安保・基地，アジアへの経済進出などの問題）の6つの問題に整理されている。

「総合学習」の方法については，広島の原爆副読本『ひろしま』（中学生用）の展開を例にして説明されている。「原爆被爆者の苦しみ，怒りという事実から出発し，原爆投下の政治的歴史的意義と問題を考察し，ついで原爆そのものの自然科学的学習にすすみ，…平和運動の発展を学ばせ，最後に自己の生き方を問う，という展開」が示され，こうした学習の順序をたどることが方法的特徴であると説明されている。

以上のように目標，内容，方法をみると，日教組の「総合学習」は，現在の「総合の時間」と共通する点が多いことがわかる。

つぎに，「総合学習」の教育課程上の位置づけについては，「総合学習」の基本的な性格がほとんど変わらなかったのとは対照的に，教育制度委員会では，「教科領域」（『続　日本の教育をどう改めるべきか』1973）から「教科と自治的諸活動とは別の独立した領域」（『日本の教育改革を求めて』1974）へ，そして，中

央教育課程検討委員会では,「中間領域―教科と自治的諸活動の境界領域に位置する教育課程の一領域」(『のぞましい教育課程のあり方 (中間報告)』1975) から「教科領域」(『教育課程改革試案』1976) と二転三転した。これは,「総合学習」は教科なのか,それとも教科や教科外活動とは異なる第三の領域なのか,という位置づけをめぐる対立的な議論が背景にあったためである。

　日教組提案をめぐる議論では,「総合学習」のあり方が問われるとともに,学校においてどのような学びを追求していくのかが問われており,現在の私たちが総合学習を考えるうえで重要な内容が含まれていた。以下ではこの1970年代の議論をみてみよう。

3 「総合学習」とは何かをめぐる議論
(1)「総合学習」は目的概念なのか方法概念なのか

　「総合学習」をめぐって何が問題となったのだろうか。日教組による「総合学習」の提起は,大きな反響と議論を呼び起こした。

　第一は,「総合学習」を教授―学習の目的の変革にかかわるものと捉えるのか,単なる指導方法の改善にかかわるものと捉えるのかという議論である。日教組は前者の立場に立ち,子どもたちの現在と未来の生活・生き方にかかわるような学習を学校教育全体で追求していくことをめざしていた。そのため,「深い次元で,実生活上の課題と教科の内容は内的関連をもつよう編成される必要がある」と教科の改善を求めるとともに,各教科の学習で得た認識をもとに,「総合学習」でより現実的な課題 (地域的・国民的・人類的) に迫り,「生きた認識」を育むことをめざしていた。

　これに対し,当時の文部省は後者の立場に立ち,学習内容の効果的な習得のための方法であると理解した。そのため,教育課程審議会の答申 (「教育課程の基準の改善に関する基本方向」1975年,「小学校,中学校及び高等学校の教育課程の基準の改善について」1976年) では,現行の領域間で関連を計りながら指導すれば「総合学習」のような領域は不要であるとし,低学年の合科的な指導の一層の推進を主張し,総合学習という領域の設置は認めなかった。

(2)「視点」なのか「領域」なのか──総合学習の機能と領域設定の根拠

第二は,「総合学習」は学習の「視点」なのか,それとも教育課程上の「領域」なのかという議論である。この議論では,総合学習の「総合」の意味が問われ,そのうえで「総合学習」を教育課程の一領域として設定する根拠が問題となった。

学習の「総合」については,各教科の学習内容(知識や技能など)を構造化・体系化していくことと,学習内容の構造化・体系化を手がかりに個人がものの見方や考え方など「観」(たとえば,世界観など)や思想を形成していくこと,という2つの「総合」が議論され,どちらを重視するかによって「総合学習」の領域化への賛否が分かれた。

前者の意味で学習の「総合」を重視する立場は,川合章や城丸章夫などのように,教科の内容が構造化・体系化できるように各教科を改善・充実させていくことを主張し,領域化には反対していた。城丸は,事物を多方面から総合的に学習することが可能になるためには教科による系統的な学習の一定の蓄積が必要であること,また,総合的に学ぶといっても学習の各場面では各教科別に学習しているので,領域を設けて総合学習を行った場合,現実の授業としては,事物の諸側面を並列的に教えることにしかならず,知識・技能をバラバラに教える危険のほうが大きいと指摘した(城丸 1975;1993)。

後者の意味で学習の「総合」を重視する立場は,教科学習とは別に独立した領域として「総合学習」を位置づけることを主張した。遠山啓は,人間の認識の「分析-総合」の枠と対応させる形で各教科と「総合学習」との関係を捉え,現実の一側面を取り出し集中的に研究することを任務とする個別科学に基づく各教科は,単独で現実の全体像を与えることはできないと考えていた(遠山 1976)。

両者は,「観」の自己形成の必要性と,その形成における教科の学習の重要性とを認める点では共通していたが,「観」の自己形成に対する学校の関与のあり方についての考え方が対立していた。領域化に反対の立場であった城丸は,「観」は教科外や学校外での各個人の行動を媒介にして自己形成されるべきも

のと考え，「観」の形成のための教科を設定することは，思想・信条の自由な形成を保障するという民主主義的学校の原則に反すると主張していた（城丸 1975；1993）。これに対し，領域化に賛成した遠山は，各教科の専門化や孤立化によって教育が総合性を失っている現状を指摘し，特設道徳による「観」の注入教育に対抗し，各教科で得た知識・技能をもとに子どもたちが「観」を自己形成する機会を保障するためにも「総合学習」の領域化が必要であると主張した（遠山 1976）。

（3）「視点としての総合学習」という提起

これに対し，「観」ではなく「全体像認識」の指導を提起し，「総合学習」の領域化に反対したのが竹内常一であった。竹内は，各教科の指導を通した子どもの全体像認識と世界観の発展と，自治的諸活動の指導を通した子どもの行動の見通しなどの発展の統一的な追求を「視点としての総合学習」と定義した。もともとは川合章が教科内での構造化・総合化の意味で用いた「視点としての総合学習」という表現を，竹内は「全体像認識」の形成の意味で用いている。

そして，この視点を各教科の体系に基づいた認識・表現の指導および自治的諸活動による自治的・文化的活動の指導に貫徹させていけば，自然と社会と人間についての全体像認識を発展させることは可能であると考え，領域化には反対した。竹内は，「視点としての総合学習」による「全体像認識」の指導は，「科学的認識と科学的概念の体系」による「生活的認識と生活的概念の体系の認識」の改造・再編を通じてなされるものとしていた（竹内 1973, 1976）。

以上みてきた「総合学習」をめぐる議論は，「総合学習」に求められていた役割・機能を教育課程においてどのように追求していくのかを問うものであった。しかし，それぞれの立場が重視した学びのイメージには共通点もみられる。それは，①教科内容としてまとめられた対象世界に関する客観的な知識・認識と，学習者がこれまでの現実のなかで獲得してきた知識・認識とを学習者の生活に関わりのあるテーマを介して対峙させること（「教育と科学の結合」と「教育と生活の結合」），②認知的な活動だけでなく，自治的活動などの現実世界へ

の働きかけという実践的行動を重視していたこと（参加としての学び，生活現実を変革する学び），③そしてそれらを通して，学習者が「観」を自己形成していくことを促そうとしたこと（学ぶことと生きることの統一）いう点を重視し，学習者にとって意味のある学びを教育課程全体で追求するというものである。

4 改めて総合学習を捉え直す

（1）学習の機能や方法面に注目した区分の限界

日教組による「総合学習」の提起とその議論から，総合学習をどのような学習と考えていけばよいのだろうか。各教科や諸活動とのちがいをどう考えればよいのだろうか。

以上みてきたような過去の議論からは，教科学習は個別の知識・技能の習得，総合学習は教科や教科外活動で学んだことの「総合」，という一般的な区分の仕方では，学習者がこれまで学んできたことを各教科の学習のなかでも「総合」していくという契機を軽視することになり，教科学習をかえって貧弱なものにするおそれがある。同様に，教科の学習では習得と活用，総合的な学習では探究的な学習という捉え方も，教科学習における探究的な側面を軽視するおそれがあり問題がある。いずれも，学習の機能や方法面に注目した区分では，教科の学習と総合学習を明確に区分することはむずかしい。

（2）カリキュラム編成の視点からの区分

では，総合学習をどのような学習を考えればいいのだろうか。ここでは，カリキュラム編成という視点から，教科学習と総合学習の区分を試みる佐藤学の指摘をみてみよう（佐藤　1996；1997）。

佐藤は，カリキュラムの編成には，「リベラル・アーツ（liberal arts）」と「一般教育（general education）」という2つの類型があり，前者の伝統に立つカリキュラムが教科を単位とする編成（「教科による組織」）をとるのに対し，後者の伝統に立つカリキュラムが特定の主題（課題）を中心に複数の内容を編成（「課題による組織」）する傾向があることを指摘している。学問分野（ディシ

プリン）の伝統とその文化領域を基盤にする「教科による組織」と，人々が社会問題の解決を志向して自らの生活を創り上げる過程で遂行している学びを基盤にする「課題による組織」は二者択一的な事柄ではなく，民主的な市民を形成し自律的で協同的な生活者を育てるカリキュラムにおいては，前者とともに後者も追求されるべきであると佐藤は述べている。

また，佐藤は，「教科による組織」が教科学習，「課題による組織」によるものが総合学習と対置させている。そして，教科学習が，対応する学問分野を背景として「知識」と「経験」を組織するのに対し，総合学習は，現実的な問題を課題（主題）として「知識」と「経験」を構成しており，両者は「知識」と「経験」の構成の仕方にちがいがあると指摘している。たとえば，家庭科と総合学習でそれぞれがカレー料理を扱う場合を考えてみるとわかりやすい。家庭科では，食材についての知識と調理技術を学ぶためにカレー料理が扱われるのに対し，総合学習では，世界の食文化を知り日本と世界のつながりを考えるためにカレー料理が扱われる。前者は家庭科の教科内容の系統に沿って，後者は国際理解という課題（主題）に沿って，「知識」と「経験」が構成されることになり，学習で獲得される「知識」や「経験」の内容が異なる。

このように，教科学習を「教科による組織」，総合学習を「課題による組織」と内容編成の面から区別する場合，教科学習と総合学習それぞれにおいて，1970年代の「総合学習」で期待されていた機能を追求することも，探究的な学びを位置づけることも可能となる。

東京にある和光学園では，日教組が「総合学習」を第三の領域と捉える考え方に基づいて，「教科学習」「自治文化」「生活勉強・総合学習」という3つの領域から成る独自の教育課程の構成を試みている。和光小学校（町田）の「総合学習」の内容は，「蚕を育てる」「大蔵大根」（3年），「多摩川」（4年），「食」「思春期を正しく生きる（「生」と「性」を考える）」（5年），「沖縄」（6年）となっており，課題（主題）による組織となっている。しかし，生活勉強・総合学習だけでなく，その他の領域でも，学ぶことと子どもたちの生活および生きることとがつながるように，学習内容と学習過程を工夫している（行

田他　2000，丸木　2001，中野　2006）。

5　総合学習をどのように構想するか

　以上みてきたように，原理的には問題をかかえる総合学習ではあるが，学習指導要領において，現在まで教育課程の一領域として設定されている。そうしたなかで，どのように総合学習を構想していけばよいか，とくにどのようなことがポイントとなるかについて検討していこう。

（1）課題（主題・テーマ）の設定をめぐる課題

　まず，総合学習を構想する前提として，教育課程全体で，学ぶことと生きることとをつなげる学習をつくるということをふまえなければならない。そのうえで，「課題による組織」に基づいて，どのような課題（主題・テーマ）を設定していくかを検討することが必要となるであろう。これは，2017（平成29）年告示の『学習指導要領』から，カリキュラム編成の力点が大きく変わるなどによって以下に述べるような問題が考えられるからである。

　第一に，「何ができるようになるのか」という身につけるべき資質・能力を明確化し，それに基づいて「何を学ぶのか」「どのように学ぶのか」を構想していくことが強調されるようになった。このような変化に対しては，身につけるべき資質・能力そのものが学びの対象となり，資質・能力を効果的に身につけやすいかどうかという観点から課題（主題）が選択・設定され，子どもたちが学ぶべき内容や課題（主題）が資質・能力を身につけるための「手段」となるという懸念がある（久田　2016）。

　つまり，「何ができるようになるのか」というパフォーマンス（結果）が評価の視点として過度に重視されれば，目的と手段の逆転した「総合の時間」が展開されるおそれもあるということである。たとえば，環境問題に取り組む総合学習が，「図や表を効果的に用いて表現する力を身に付ける」ことに重点がおかれ，環境問題を啓発するCMやポスターの制作が学習の到達点となってしまうケースも起こりうるというわけである。

第二に，従来の教育内容に関する記述に加え，授業における指導過程・指導方法・指導形態といった教育方法についての具体的記述も増え，規制が強化された（安彦　2017）。したがって，「総合の時間」も同様に，学習の展開が子どもにとっての必然性ではなく，『学習指導要領』などで求められる教育方法に沿って展開されることが懸念される。これは，近年，各地で広がりつつある授業や指導の「スタンダード」策定の動きをみれば，決して杞憂ではないだろう。

　子どもが主体的に学ぶのは，自身の興味や関心を引き起こすものであったり，自分自身にかかわる事柄であったり，切実な課題であったり，こうしたいという願いや要求にかかわっていたりするからであり，学びの過程で，学ぶ意味や必要を実感できることが重要なのである。「総合の時間」において選ばれる課題（主題・テーマ）は，身につけるべき資質・能力を獲得するために効果があるかどうかという点から選ばれるのではなく，子どもたちの現在と未来の生活や生き方にどのようにかかわり，どのような意味があるのかを考えながら選ばれるべきである。また，そうした課題（主題・テーマ）の追求の仕方も，子どもたちの必要に応じて，自由に展開されることが求められる。

　では，私たちは，総合学習で取り組む課題を実際にどのように選べばいいのか，そしてそれをどう深めていけばよいのだろうか。以下では，この課題を，内容編成の視点として「子どもの生活から学びをつくる」，学習過程の構想の視点として「当事者性を立ち上げる」の2つから考えてみたい。

（2）内容編成の視点としての「子どもの生活から学びをつくる」

　子どもの生活から学びをつくるという視点は，戦前から民間の教育運動において丁寧に追求されてきた。戦後は，『学習指導要領（試案）昭和22年度版』（1947年）で，地域社会の要求と子どもの生活から教育課程を構想することが求められるなど，子どもたちの生活現実や子どもが生活する地域に根ざした教育実践が展開されてきている。

　子どもの生活から学びをつくることが重視されてきたのは，子どもの生活を出発点にして，子どもが自分の生活を形づくっている地域・社会・世界を変革

する主体として参加していくことを教育という営みが重視してきたからである。子安潤は，子どもの生活から学びをつくることの意味を，①子ども自身と関係のある物事が学びの対象となることで現実を自身とかかわりのあるものとして意識化されていく（世界との関係性），②子どもたちが働きかけ可能で変更可能なものとして生活を対象化できる（変革可能性），③大人とはちがった立場にいる子どもの視点から，大人たちや教科書にあるようなものの見方をひっくり返したり捉え返すなど新たな発見をもたらす学びが生まれる（子どもの立場性）の３点から説明している（子安　2010）。

したがって，課題（主題・テーマ）を設定する際には，子どもたちが生活のなかで発するさまざまな声（問いや疑問，不満，願いや希望，要求など）を重視したり，課題（主題・テーマ）がどのように子どもの生活とかかわっているのかを考えたりすることが求められる。

「子どもの生活から学びをつくる」場合，これまでの取り組みをみれば，大きく２つの筋道がある。

１つは，子どもたちの現在の生活とこれからの生活の両方を教師が視野に入れて，彼らの生活に潜む問題を意識化・顕在化させるような課題（主題・テーマ）を設定していくというものである。たとえば，震災後に県下一斉に導入された中学２年生対象の地域体験学習「トライやるウィーク」を「今，生徒に必要な生き方の学習（総合学習）」の視点から組み替え，「地域で生きること・職に就いて働くこと」をテーマにした総合学習を展開した取り組みでは，子どもの生活・生き方の問題を地域−労働−未来という視点から深めていく内容と，「問いを立てる」「事実を調べる」「課題を追究する」「交流と討論で考える」「意見表明・他者への働きかけ」へという学び方とをかかわらせて，「進路学習＝生き方学習」となるような３年間の「総合学習」のカリキュラムをつくり出している（小川　2009）。

もう１つは，子どもが興味や関心をもっている事柄や子どもたちの切実な問い（不安や心配事）や子どもたちの文化（アニメなど）から，子どもたちの生活を問うような課題（主題・テーマ）を教師が子どもとともに発見し，位置づけ

ていくというものである。小学校教師の原田真知子は，3年生の子どもたちのポケモンへの関心を学びにつなげようと考える。そして，ポケモンのゲームソフトの販売延期についての子どもたちの怒りと疑問の声を手がかりに，単元「ポケモンたんけんたい！」という単元を展開し，子どもたちとともに，ゲーム販売延期の背後にある「自分たちが買いたくなる仕組み」を発見し，マーケティングやメディアがつくり出す「子ども文化」の問題を考えあっていく。この学習では，さらに映画『ミュウツーの逆襲』を観て，「ミュウツーはなぜたたかったか」をテーマに話し合い，そのなかでの子どもの発言から「家族」の学習へと発展していく（原田　2001）。

どちらの筋道から総合学習を構想するかは，学校の状況によっても異なるが，いずれにおいても，おおよそ以下のような学習の流れを参考に構想していくとよいだろう（子安　1999）。

A．インパクトのある事実・事象を示す。
B．そのなかから疑問を引き出し調査する。このとき，なぜそれを調査するのか，個人的理由を明確にする。
C．調査は，文献研究だけでなく，関係する人々へのインタビュー・手紙などを通じて行い，可能なかぎり直接的な交流を追求する。
D．調査で明らかになったことに対する意見形成を促し，討論を組織する。
E．こうした調査・討論の結果を学習共同体の外に向かって発信する機会を設ける。
F．取り組み全体を総括する。

Aでは子どもにとっての切実感やリアリティを大切にして，現実に話題となっている論争点に即してテーマを定式化すること，Bでは子どもの疑問を解く調査対象や方法を子どもとともにその場で考えていくこと，C・Dでは当事者との交流を通して，問題意識を深めること，子どもの視点から当事者の意見を批判的に問い，子ども自身の立場を考えさせ意見形成を促すこと，Eでは，事実を学び，批判的視野も拓きながら行動のスキルを教え，子どもたちなりの社会的活動を自由参加の原則のもとに励ますことなどが重要である。また，各

局面においては，子どもの疑問やアイデアをできる限り尊重していくことが求められる（子安　1999）。

　たとえば，先の原田の取り組みでは，子どもたちが知りたいことを出し合う→知りたい内容ごとにグループを編成する→グループで調べ方を話し合い，計画を立てて調査する→調べたことを交流・討論し，次の課題を見つけるというサイクルで活動が展開しており，上記の A～F の活動が含まれている。

（3）学習過程の構想の視点としての「当事者性を立ち上げる」

　以上ような学習の流れは，教師が計画を構想するにしても，子どもの声から計画を構想するにしても，子どもたちが自分たちのおかれた生活現実のなかにある問題を認識し，その現実を変えたいという願い・要求（ニーズ）を自覚し，その実現に向けて行動していく学び，いわゆる「当事者性を立ち上げる」学び（山本　2015）となっている点が重要である。

　このような「当事者性を立ち上げる」学びになるためには，第一に，学習の対象との出会いとかかわり合いが保障されていなければならない。たとえば，和光小学校の 4 年生の「多摩川」の取り組みでは，多摩川でじっくり遊ぶ取り組みを位置づけており，子どもたちに多摩川そのものに深くかかわる機会を保障している。こうした機会があるからこそ，子どもたちにとって多摩川が重要な存在となり，多摩川にかかわることが自分にかかわることであると自覚し，それらを探究していく展開が可能となるのである。先にあげた小川の取り組みも，「地域に生きて働く大人との出会いを大切にすること」が計画の視点に位置づけられている。

　第二に，自分たちの生活現実にある問題を認識していく過程で現れる，問題をめぐる当事者たちが対峙しているコンフリクト（対立や葛藤や矛盾）を発見し，学びのテーマに据えることである。コンフリクトは，人々の生活現実，そしてその生活現実を形づくっている社会現実（社会の仕組み・構造，人間関係など）のなかに常に存在する対立点，矛盾や限界などであり，問題をめぐるさまざまな立場の当事者たちが声を上げたり異議を唱えたりすることで初めて顕在

化する。つまり，コンフリクトが顕在化することは，支配的なものの見方や価値観，関係などとともに，これらと対立したり，あるいはまったく新しいものの見方や価値観，関係が浮き彫りになり，今ある現実に対するもう1つの別の可能性，現実の新しい発展の契機がみえてくることでもある（高橋 2002）。

たとえば，「ゲームはなぜ発売延期になったのか」という疑問（原田 2001）や，「こんな住みよい村なのに人口が少ないのはなぜ？」という疑問（小川 2009），「薬害でエイズになった人はかわいそうだけど，セックスで感染した人は自業自得だよね」という生徒のつぶやき（柏木 1999）は，当事者である子どもたちが発する現実に対する問いかけであるとともに，彼らの願いや思いと現実との間，あるいは当事者間にあるコンフリクトを顕在化させるものである。そして，コンフリクトの顕在化によって，今ある現実とは異なるもう1つの可能性を模索しようとする問いも生まれていく。そして，コンフリクトを追究していくことを通して，それぞれが問題に対する自身の要求・願いをはっきりと自覚していく契機も生まれることになる。

第三に，学習の過程で生まれる子どもたちの要求・願いを常に学習構想のなかに反映させていくことが重要である。教師にとっては，毎年繰り返される同じ主題で展開や結論は決まっているように思われても，それを学ぶ子どもたちの存在と彼らの要求や願いは多様であり，反応は決して前年と同じではない。こうした子どもたちの願いや要求を，学習の主題や内容，学習の方法などに反映させていくことで，実践のパターン化や画一化を超えることも可能になる。

総合学習をつくるということは，教師が子どもとともに，現在と未来を考えていく学びを構想し，教育課程全体で追求していくことである。総合学習を手がかりにして，大人と子どもが現在と未来に希望をもち，幸せに生きていくことを実現していく学びを学校のなかに実現していってほしい。

> **深い学びのための課題**
> あなたが，子どもたちと一緒に，現在そして未来を幸せに生きていくために，今，子どもと取り組んでみたい学びの主題・テーマは何かを考えてみよう。

引用・参考文献

安彦忠彦（2017）「学習指導要領の原理的考察と今時改訂の特質」日本教育方法学会編『学習指導要領の改訂に関する教育方法学的検討』図書文化
梅根悟・海老原治善・丸木政臣編（1977）『総合学習の探究』勁草書房
小川嘉憲（2009）『優しい学校はいかが？』文芸社
柏木修（1999）「エイズ問題を学び続けた三年間」『生活指導』1999年3月号（No. 537）
川合章（1995）「総合学習とはなにか」竹内常一他編『学びの復権　授業改革』〈講座高校教育改革2〉労働旬報社
行田稔彦他編（2000）『和光小学校の総合学習　はっけん・たんけん　やってみる』『和光小学校の総合学習　たべる・生きる・生を学ぶ』『和光小学校の総合学習　いのち・平和・障害を考える』民衆社
子安潤（1997）「教育課程と総合学習」久田敏彦編『共同でつくる総合学習の【理論】』フォーラム・A
――（2010）「子どもの生活から授業をつくる」岩垣攝／子安潤／久田敏彦『教室で教えるということ』八千代出版
佐藤学（1996）『教育方法学』岩波書店
――（1997）『カリキュラムの批評』世織書房
城丸章夫（1975）「総合学習について」『教育』11月号（No. 322）国土社／所収：城丸章夫（1993）『教育課程・授業論』〈城丸章夫著作集第8巻〉青木書店
高橋英児（2002）「現代社会にひらく授業をつくる」久田敏彦他編『新しい授業づくりの物語を織る』フォーラム・A
――（2017）「価値の教育と『観』の教育を考える―1970年代の『総合学習』をめぐる議論を手がかりに」『教育実践学研究（山梨大学教育人間科学部附属教育実践総合センター研究紀要）』No. 22
竹内常一（1973）「『総合学習』『自治的諸活動』『学外教育』」『教育』9月号（No. 293），国土社
――（1976）『教育への構図』高校生活文化研究会
――（1995）『共同・自治論（教育のしごと　第5巻）』青木書店
中央教育課程検討委員会（1976）『教育課程改革試案』一ツ橋書房
遠山啓（1976）『競争原理を超えて』太郎次郎社
中野光他編（2006）『あっ！　こんな教育もあるんだ』新評論
原田真知子（2001）「ポケモンたんけんたい！」『生活指導』1月号，明治図書
久田敏彦（2016）「アクティブ・ラーニングと学習集団研究」広島大学教育方法学研究室／深澤広明・吉田成章編『いま求められる授業づくりの転換』溪水社
丸木政臣他編（2001）『ともにつくる総合学習』新評論
山本敏郎（2015）「当事者性のある生活と学びの創造」山本敏郎他編『学校教育と生活指導の創造』学文社

第 9 章

子どもの評価

1 戦後における教育評価の変遷
(1) 教育評価の登場

　評価は,「測るもの」という考え方が,現在も根強く存在する。この測定（measurement）という概念は,1920 年代にアメリカにおいて興隆を極めた教育測定運動が提起したものである。すなわち,学習効果を信頼性や客観性に基づき,非人間的操作によって厳密かつ正確に,量的に測ろうという認識である[1]。たとえば,テスト（測定できるもの）で正解した項目の点数を測定し,選抜,分類,配置,序列化をすることなどである。

　しかし,測定の評価概念を批判する立場として登場したのが,タイラー（Tyler, R. W.）の「エバリュエーション（evaluation）」の概念である。タイラーは,測定運動に対し,子どもの能力を「値ぶみ」するものとして厳しく批判した。

　日本における教育評価という用語は,第二次世界大戦後に導入されたタイラーのエバリュエーション概念に基づき生まれた。タイラーの評価概念は,カリキュラム編成を行う際に,まず達成すべき「教育目標」を設定する。すなわち,カリキュラムや学習経験のプロセスを通して,実際にどの程度,その目標が実現されているかを重視している。日本においては,2001 年指導要録改訂により,このタイラーの評価概念を土台にしている「目標に準拠した評価（criterion referenced assessment）」が採択され,現在（2017 年度）に至るまで実践されている。ここでの「アセスメント（assessment）」とは,真正の評価（authentic assessment）論に代表される教育評価の新しい動きとして用いられている。田中（2008）[2]によれば,アセスメントは,評価情報を集めることを,エバリュエーションは,その情報について価値判断することを意味していると

述べている。

　いっぽう，目標に準拠した評価に対する批判も存在する。正反対ともいえる「目標にとらわれない評価（goal free evaluation）」の立場からは，教育者が意図した目標と，子どもが学ぶこととのズレが問題となる。また，設定目標に即して教育者のみが評価に係ることは評価の信頼性や妥当性において不十分であることを明らかにしている。さらに，設定された目標にとらわれ，子どもの学びの実態（子どもがつまづいたり，困難や達成感を感じている姿など）や，子どもが発達する過程の把握をおろそかにしてしまう可能性を指摘している。

　この章では，日本における戦後から現在までの教育評価の変遷とその指導・評価方法に注目し，子どもに寄り添う教育評価とは何か，そして，その課題を明らかにしていきたい。

（２）相対評価とその批判

　第二次世界大戦後，指導要録（1949年）[3]において相対評価が導入された。相対評価とは，図9.1のように正規分布曲線に基づいているものであり，集団のなかで子どもたちの順位や位置を明らかにする形態で評価をするため，「集団に準拠した評価」といわれている。相対評価は，5段階の評定で配分することが多い。テストの点数にのみに基づいて客観的に評価が行われるようになったことは，戦前の絶対評価（認定評価）のように教師の主観が入りにくいことから考えると，ある程度の公平性をもたらしたともいえる。

　しかし相対評価は，どの集団を基準とするかによって評価が大きく異なる可能性があり，基準集団がどのようなレベルの集団であるかという知識なしには，評価結果が意味をもたない。つまり，他者との比較による相対的な評価であると同時に，評価結果が基準集団の選択に依存するという意味でも，教育評価としては多くの課題が残る。

　さらに，子どもの立場から考えると，授業がス

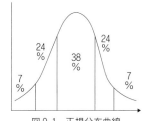

図9.1　正規分布曲線

タートもしていないにもかかわらず，必ずできる子（評定5）とできない子（評定1）が存在することを前提に学習がスタートする。つまり，どんなにがんばったとしても，クラスのなかに5の評定をもらう子どもがいる一方，必ず1の評定をもらう子どもがいることを想定しているのである。また，自分が上（評定5）に上がるためには，誰かが落ちなければならないという，非常に非教育的な側面をもっている。このころから，「勉強とは勝ち負けである」という学習観を生み出してしまったともいえる。そして，相対評価をもとにして評価を行うと，何より集団のなかの順位や位置がすぐわかるものの，子どもの学力の実態を映せない。たとえば，子どもがわかるところとわからないところを教師側が把握することができないという限界がある。

　いっぽうで，相対評価のもとでいくら努力しても評定が上がらない子どもたちのがんばりを評価するため，わずかな間ではあるが「個人内評価」が採用された。個人内評価は，子ども一人ひとりの目標に合わせた評価，つまり子どもの目線に合わせ，その発達や成長，がんばりをみようとするところに大きな意義がある。しかしながら，個人内評価は，あくまでも子どもたちを「救済」するためのものとして位置づけていた。当時の教育現場では，相対評価はそのままにして，子どもたちの個別の「がんばり」は，「個人内評価欄」を設けてその努力やがんばりを評価していた。

（3）到達度評価

　1970年代半ばに相対評価に代わる新しい評価論のパラダイムとして登場したのが到達度評価である。到達度評価とは，相対評価の批判・代案として生まれてきたため，ほかの子どもの学習の成果や成績とは無関係に，設定した到達目標を達成できているか否かで評価されるものである。ここでの到達目標とは，「○○ができる」「○○がわかる」といったように目標の内容が到達点として示される評価であり，クラスの全員を一定の水準に引き上げることがめざされている。到達度評価では，教育実践をより効果的なものにするために，診断的評価（diagnostic assessment），形成的評価（formative assessment），総括的評価

（summative assessment）の3つに分けて実践を行う。

　診断的評価では，授業の前に子どもの学力の実態，意欲，経験などを診断するために行う評価であり，子どもの発達上のレディネスが不十分と判断された場合は，単元展開や指導計画などの修正が必要になる。

　形成的評価では，単元の途中において実施し，子ども一人ひとりが到達目標を達成しているか否かという学びの成果を確かめ，到達目標に達していない子どもがいる場合は，基礎学力の獲得に向けた回復指導を図る。

　総括的評価では，実践の終わりに行う場合が多く，子どもの発達や発展性をふまえ評価をするとともに，教師は，自らの指導の改善を省みる。

　このように到達度評価では，授業を実践する前から到達目標を明確にし，学びのプロセスのなかで子どもたちが到達できているか否かを点検するとともに，その結果を子どもの学びや教師の指導の改善にまで生かすところに意義があると考えられる。

　しかし，到達目標が子どもの豊かな学びを縛るのではないかという疑問や，目標と評価と一連のサイクルがあくまでも量的，外的な評価にすぎないという激しい批判も提起された。そのようななかで，次の転換期が訪れる。

（4）目標に準拠した評価

　文部科学省は，2001年度の指導要録を機に採択し，2010年度版指導要録からは，「目標に準拠した評価（いわゆる絶対評価）」のさらなる実施を推し進めている。目標に準拠した評価とは，指導の前に，教育目標を明確にし，その目標を規準として子どもたちの学力を評価する方法である。

　従来の学力格差の是認や素質決定論の考えに基づいている相対評価に対し，目標に準拠した評価は，学習目標を規準として，すべての子どもに確かな学力を保証するところに大きな意義があると考えられる。また，到達度評価で指摘されていた「目標として捉えられる範囲が限定される」という問題点に対する反省をふまえ，現在は，目標を超えてみえてくる多様な価値に対する教育的，発展的学習の育成を進めているところである。

じつは、この目標に準拠した評価は、アメリカから入ってきた criterion referenced assessment に相当する概念である。これは、1960 年代に登場した「ドメイン準拠評価（domain referenced assessment）」と 1980 年代後半に定義された「スタンダード準拠評価（standard referenced assessment）」という 2 つの評価概念から説明することができる。

ドメイン準拠評価とは、教育目標そのものを規準とするもので、子どもの学力を行動目標として具体的な内容をもとに捉えようとする試みがあった。しかし、この行動目標に関しては教育の現場において問題があり、学校のカリキュラムのなかで行動目標を規定するには、その内容が限られてしまうのである。すなわち、基礎学力として評価できる知識・機能に関しては、すぐれている評価方法であるが、高次の思考学力（higherorder thinking ability）や情意面の評価においては、多くの課題があった。

そこで新たな評価方法として登場したのが、スタンダード準拠評価である。スタンダード準拠評価とは、1 つの目標に対してさまざまな到達レベルを設定し、子どもたちの学力習得の実態やその質を具体的に捉えようとする試みである。特徴としては、教師による評価指標と子どもの実際の事例を併せ、作成・活用するという 2 つの視点を備えている。

現在、日本において実施されている目標に準拠した評価は、この 2 つの評価概念を視野にいれていると考えられる。文部科学省（以下、文科省）が提示している「学習評価に関する基本的な考え方」を確認すると、各教科の基礎学力として評価できる知識・機能を分析的、総括的に捉え、子ども一人ひとりの学習状況の習得、改善を図っているともいえる。しかし、スタンダード準拠評価で重視している子どもたちの

表9.1　学習評価に関する基本的な考え方

・学習評価は、学校における教育活動に関し、子どもたちの学習状況を評価するものである。
・各教科においては、学習状況を分析的にとらえる観点別学習状況の評価と総括的にとらえる評定とを、学習指導要領に定める目標に準拠した評価として実施することが明確にされている。
・学習評価を行うに当たっては、子どもたちの一人一人に学習指導要領の内容が確実に定着するよう、学習指導の改善につなげていくことが重要である。

出所：文部科学省（2016）「学習評価に関する資料」より抜粋

学力習得の実態やその質を具体的に捉えようとするための「教える内容」に関しては，言及が不十分であるようにみえる。いっぽう，同資料では「教育方法」に関する提言・助言的な説明はかなり増え，教師の指導の方法やその形態に至るまで，細かく縛られるのではないかという疑念が生じる。つまり，「目標に教育が縛られるのではないか」ということである。この点を含めて，教師側の指導の内容・あり方に関しては，さらなる議論が必要であると考えられる。次節 2 では，2020年度からの新教育課程で求められる評価について考察する。

（5）新教育課程で求められる評価

従来の小・中学校において必修であった「観点別学習状況の評価」を今回の改訂では，高等学校まで必修にし，全学校種で統一している。目標に準拠した評価に基づいている新教育課程で求められる評価は，現行の「観点別学習状況の評価」の四観点（「関心・意欲・態度」「思考・判断・表現」「機能」「知識・理解」）から，「知識及び技能」「思考力・判断力・表現力等」「学びに向かう力，人間性等」の三観点へと再整理を行っている（図9.2)[4]。

この3つの観点は，育成すべき資質・能力の3つの柱として前面に出されている。文科省が示している内容を確認すると，「知識及び技能」では，「何を知っているか，何ができるか」に着目し，各教科に固有の知識や個別スキルなどの獲得の重要性を強調している。「思考力・判断力・表現力等」では，「知っていること・できることをどう使うか」を追求する。また，そのための指導の方法や形態に着目し，各教科の本質に根ざした問題解決能力，学び方やものの考え方など，子どもの理解の質を高めようとしているところに意義を求めている。「学びに向かう力，人間性等」では，「どのように社会・世界と関わりより良い人生を送るか」という主題に焦点を当てて，各教科を通じて育まれる情意，態度などに至るまで視野に入れて展開している。つまり，新教育課程で求められている学力は，内容ベース（「何を教えるか」）からコンピテンシー・ベース（「何ができるようになるか」）のカリキュラムへ，内実化を図っているといえる。

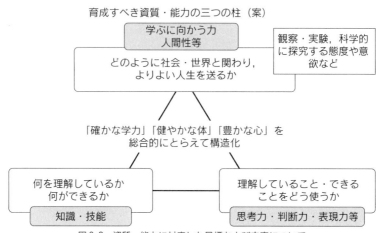

図9.2 資質・能力に対応した目標および内容について
出所：文部科学省（2016）「学習評価に関する資料」

しかし，新教育課程で求められる三観点の内容を確認すると，1990年代の「新しい学力観」がそうであったように，学びを深めることと直接的には無関係な関心・意欲・態度の育成を重視することになったり，知識習得の軽視（態度主義）に陥りかねないのではないかという懸念が生じる。コンピテンシーとして非認知的能力が含まれていることを過度に強調することは，教科横断的・総合的なコミュニケーションという言葉や，協調性・自律性育成という名の下に，本来の教科学習においてめざす学びの姿を見失わせるおそれがある。もちろん，非認知的能力を用い主体的に協力しながら学ぶ個人や学級を育むことは，学校教育で非常に重視されるべきことである。しかし，そればかりに力点がおかれると，教科の学習（認識形成）が形式化・形骸化しかねない。新教育課程では，こうした可能性に対する十分な考察が見当たらない。さらに，育成すべき資質・能力そのものの定義が明確ではない。今次改訂の根幹ともいえる，資質・能力の捉え方やその特質，そして教育的意図がどういったものであるのか，依然として疑問が残る。

また，今回の改訂において，学力の3つの要素の内質化を行うために指導・評価方法として推し進められているのが，ポートフォリオ評価やパフォーマン

ス評価である。また，指導と評価などの授業改善を目的とするルーブリック作成の可能性にも言及している。次節 2 からは，指導・学習評価の方法について具体的にみていく。

2 教育評価の方法

(1) ポートフォリオ評価

まず，ポートフォリオとポートフォリオ評価（portfolio assessment）は，区別しておく必要がある。ポートフォリオとは，子どもの一人ひとりのスキルやアイデア，作品や自己評価の記録，教師の指導と評価の記録などを系統的に蓄積していくものである。これに対し，ポートフォリオ評価とは，ポートフォリオ作成を通して，子どもが自らの学習のあり方について自己評価することを促すとともに，教師も子どもの学習活動と自らの教育活動を評価するという，学びのアプローチである。ポートフォリオ評価の最大の利点は，子どもの自己評価を促すところにある。ポートフォリオ作成が教育学において本来の意義をもたらすためには，表9.2で示している6原則に留意すべきである。

ポートフォリオ評価は，子どもと教師の共同作業により成り立っている。また，教師が子どものさまざまな学習の姿を継続的・長期的に認知（cognition）かつ観察（observation）し，その過程や結果を評価するところに主な特徴がある。そして，作品を日頃から蓄積しておく作業であるワーキング・ポートフォリオ（ポートフォリオに入れるものの可能性はほぼ無限である）から，作品をもう

表9.2　ポートフォリオ評価の6原則

○ポートフォリオ作りは，子どもと教師の共同作業。
○具体的な作品（work）を蓄積する。
○蓄積された作品を整理する（取捨選択する）〜情報を集約する。
　例：ワーキング・ポートフォリオからパーマネント・ポートフォリオへ
○ポートフォリオ検討会（portfolio conference）を行う。
○定期的にポートフォリオ検討会を行う。
○長期にわたる（継続性）

出所：西岡加名恵（2003）『教科と総合に活かす—ポートフォリオ評価法』図書文化，53頁

一度並び替えたり，分析したり，長期の視点に立って作品を選び取り，別のファイルに再蓄積していくパーマネント・ポートフォリオ作成の作業まで取り組むことが大切である。なぜなら，子ども自身が自らの学習を振り返り（どの作品が，なぜ含まれなければならないのかを思考深く判断する），情報を集約し，次の学習に活かしていくことは，ポートフォリオ評価の中核になるものでもあるからである。アメリカにあるウエスト・オリエント校（West Orient School）の教師は，「ポートフォリオ評価によって，子どもは自分の学習を管理する方法が分かり，生徒の所有意識や自尊感，高い自己肯定感が強まる」ことを紹介している[5]。

さらに，定期的にポートフォリオ検討会を行い，長期にわたる子どもの成長を構築していくことは，はっきりとしたイメージのなかで子ども・教師・保護者が意思疎通をする道具ともなる。

（2）パフォーマンス評価

パフォーマンス評価（performance assessment）は，課題に対する学習者の実践的なアプローチを評価する評価法の1つであり，選択型試験のような従来の評価システムとは異なり，知識の「量」よりも，知識を「どのように活かすのか」が重要な評価対象とされる。その理論的背景には，新しい評価パラダイムである「代替的評価（alternative assessment）」がある。代替的評価においては，子どもが真正性の高い状況や文脈のなかで多様な課題・状況を把握・分析し，創造性に富む代替の方法を考え，より賢明に問題解決に至ることを評価の目的としている。このような評価法は，子どもの理解力，解答に至るまでの複雑なスキルなど，数値化して測ることがむずかしい「高次の思考能力」を評価するうえで，必要不可欠である。

現在，多くの国々においてパフォーマンス評価が新たな評価観として注目されている。日本でパフォーマンス評価に対する関心が高まったのは，2004年のいわゆる「PISAショック」を契機としている。たとえば，日本における「全国学力・学習状況調査」のB問題の内容（「活用」に関する問題―実生活の状

況を想定した場面で知識を活用して答えを出す内容）に，PISA の結果の影響をみることができる[6]。

　教育政策に関連する公的な文書においても，文科省「小学校学習指導要領解説　総合的な学習の時間編」（2008 年 6 月）にパフォーマンス評価という用語が初めて登場している[7]。また，中央教育審議会初等中等教育分科会教育課程部会「児童生徒の学習評価の在り方について（報告）」（2010 年 3 月）では，「思考力・判断力・表現力等を評価するに当たって，『パフォーマンス評価』に取り組んでいる例も見られる」と紹介されている。さらに，文科省「学習評価に関する資料　6-2」（2016 年 1 月）においては，子どもの学びの質的な深まりを把握するための多様な評価方法の例として位置づけており，現在，パフォーマンス評価に関する研究の需要が高まっている。

　ここでのパフォーマンスとは，具体的な状況のなかで実際に何らかの目的・目標に向かって一連のタスクを遂行する過程，およびその結果のことである。教育現場での教授・学習のあり方の新しい評価の方法として追求されるパフォーマンス評価は，まさにこの概念上にある。子どもが現実的な状況や文脈の想定のなかで，知識とスキルを「どのように活かすのか」が重要な評価対象となる。また，子ども自らが自身の知識や技能を表現できるようなかたちで産出物（作品，問題解決の仕方，制作過程，討論などを含む）を提示したり，行動に表したり，答えの構成を行うことなどが求められる。このようなパフォーマンス評価を行う授業では，子どもに現実の世界を模した課題を与えることで，「真正性」を教室にもたらそうとしているのである。こうした課題をグランド・ウィギンズ（Wiggins, G.）は，「魅力的で，実行可能で正当な，子どもにとって受ける価値のあるテスト」であると述べている[8]。

（3）パフォーマンス課題の特徴

　パフォーマンス評価を行うためのパフォーマンス課題では，リアルな文脈（あるいはシミュレーション）において，さまざまな知識やスキルを総合して使いこなすことを求める。具体的には，論説文やレポート，スピーチやプレゼン

テーション,実験の実施といったパフォーマンスを評価する課題などがある。

日本のパフォーマンス評価研究において広く知られているウィギンス (1992) は,パフォーマンス課題を設計する際に表9.3にある検討すべき点を考慮し,取り組むべきであると述べている[9]。

表9.3は,パフォーマンス課題に対する指導と評価の一体化を図る教師の役割,変化,注意点,課題などを詳細に示している。

パフォーマンス課題を設計する際に,根元にある子どものコンピテンシーを「十分な深さと広さを持っている評価指標を用いて,実際の子どものパフォーマンスを判断する」よう,教師に促している。とくに,評価課題が特定の規範 (local norms) にならないようなスタンダードづくりの大切さを教師自身の振り返りを通して確認させている。

パフォーマンス課題は,授業の目標に応じて多様にある。アメリカの教育実

表9.3 パフォーマンス評価を設計する際の検討すべき点

- いろいろなタイプの本質的課題,学力,精神の習慣,その他高く評価される「専門的技能」が,従来のテストでは見過ごされているのではないか?
- すべての子どもが取り組むべきで習得が期待される,中核となるパフォーマンス,ならびに役割,状況とはなにか?
- 実際のパフォーマンスを判断する際に,もっとも顕著で洞察力のある職別指標はなにか?
- 提案された評価課題に本当に熟達した状態とは,どのような状態なのか? 採点システムにしっかりとした根拠を与える信頼性のある適切な見本はあるのか? その地方のみで通じる規範 (local norms) にならないように,根拠のあるスタンダードになっているか?
- 他の人々からの利用可能な支援,学習素材へのアクセス,修正するための時間,テストの機密 (test secrecy),スタンダードについての事前知識など,テストにとって必要な制約は十分に真正性があるか?
- 評価課題は,子どものコンピテンシー全体について妥当で一般化ができるほど十分な深さと広さを持っているか?
- 子どもの作業について意義があると思ってなされた判断 (well-intended) により,テストが乱されないことを保証できるのか?
- 評価情報をみるオーディエンスは誰なのか,オーディエンスの必要性に合わせるために評価はどのように設計され,実施され,報告されるべきか?

出所:ダイアン・ハート/田中耕治監訳 (2012)『パフォーマンス評価入門—「真正の評価」論からの提案』ミネルヴァ書房, 56-57頁

践においてより概念が広がっているダイアン・ハート（Diane, H.）によるとパフォーマンス課題は，図9.3のように分類されている。パフォーマンス課題は，細かな知識やスキルを評価するための「短い評価課題（short assessment tasks）」から幅広い知識やスキル，コンピテンシーを評価するための「イベント課題（event tasks）」「拡張課題（extended tasks）」までである。

たとえば，「短い評価課題」である「オープン・エンドな課題（open-ended tasks）」では，子どもに魅力のある状況とタスクを与えて深く考えさせ，独自の解答を伝えることが求められる。この解答は，さまざまな方法でアプローチし，図表，簡単な記述，スケッチなども認めている。表9.4は，実際のオープン・エンドな課題の事例[10]である。

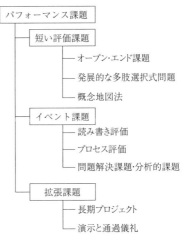

図9.3　パフォーマンス課題の分類
出所：表9.3前掲書をもとに筆者作成

表9.4のオープン・エンドな課題では，子どもの学習内容に関する基本的な概念，手続き，関連づけ，思考スキルなどの習得が重視されているといえよう。また，子ども自ら予測すること，調べて分析・検討すること，説明・解釈すること，まとめることを求めるという特徴をもっている。このようなオープン・エンドな課題に対する子どもの解答は，正誤で評価できないため，評価を行う際には，評価指標であるルーブリック（rubric）を用いる場合が多い。このルーブリックは，あくまでも子どものパフォーマンスの特性を確認し，評価・学習改善に活かすためのツールの1つである。

表9.4　オープン・エンドの課題—事例「これらの上に水を置くとどうなるか」

| 実行すべき行動 |
1．水滴を各材料の上に垂らす。
　　　　　　　　　発見したことを記録する
2．注意して観察しなさい。何かわかりましたか？各資材の上の水に起こったことを記入しなさい。
　　A．プラスチック　何も起こっていない。＿＿＿＿＿＿＿＿＿＿＿＿＿＿＿＿
　　B．ペンキで塗られた木材　何も起こっていない。＿＿＿＿＿＿＿＿＿＿＿＿
　　C．レンガ　消えて見えなくなった。＿＿＿＿＿＿＿＿＿＿＿＿＿＿＿＿＿
　　D．金属　水滴が輪になった。＿＿＿＿＿＿＿＿＿＿＿＿＿＿＿＿＿＿＿＿
　　E．屋根板　消えて見えなくなった。＿＿＿＿＿＿＿＿＿＿＿＿＿＿＿＿＿
　　F．ガラス　そのまま残っている。＿＿＿＿＿＿＿＿＿＿＿＿＿＿＿＿＿＿
3．次に，拡大鏡を使って各資材を詳しく観察しなさい。
4．プラスチック袋のなかの資材を詳しく観察しなさい。ただし袋を開けてはいけません。
5．この資材の上に水滴を落とすと，何が起こるかを考え記入しなさい。
　　　　　　　　　仮説を立てる
　　　　　　　　〔浸み込んでいく〕
　　　　　　　　　仮説の説明
6．なぜ上記のように考えたかを，記入しなさい。
　　水滴がレンガと屋根板に浸み込んだが，これも同じもので作られているため。

出所：表9.3と同じ，61頁

（4）ルーブリックの作成

　ラテン語の「赤い色」を意味するルーブリックは，宗教礼拝行事の指針や法院の決定事項で重要なことを強調するために赤い色を使用したことが起源であり，「重要な意味を含む」ことを意味する[11]。

　パフォーマンス評価を行う際，課題に対するルーブリックを作成することは，一番の核になる作業である。前述したパフォーマンス課題の選定と開発，ルーブリックの作成は異なる作業であるが，いずれも教育目標を達成するための評価規準を明確化するという点で欠かせない。また，ルーブリックを用いることによって，評価の信頼性をより高められるとともに，子どもと教師の間で授業目標を明確にし，共有することができるという利点もある。

　ルーブリックは，一組の定められた評価の規準であり，テスト，ポートフォリオ，パフォーマンスなどを採点したり，評価したりするために用いられる。

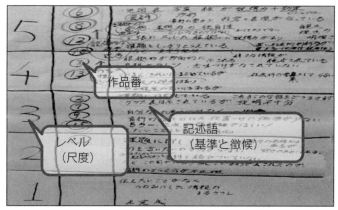

図9.4　総合的ルーブリック

具体的には，課題領域に対するパフォーマンスのレベル（scale）と記述語（task description）で構成されている（図9.4）。

ルーブリックは，パフォーマンス課題の特性や目的に基づいて，①総合的ルーブリック，②分析的ルーブリック，③発達的ルーブリック，④課題ルーブリックに分けられる。

①**総合的ルーブリック**（generic rubric）　パフォーマンスの結果を段階に基づいて総合的に判断する評価方法である。たとえば，子どもの多様なパフォーマンスであるコミュニケーション能力，総合力，文を書く能力などは個々にではなく，段階のなかで総合的に，記述式で示される。

②**分析的ルーブリック**（analytic rubric）　評価領域別で示されているパフォーマンスを段階別に判断する評価方法である。たとえば，理科の研究能力を評価するためには，資料収集，実験設計，科学的な結果，発表の領域がそれぞれ区分され，それぞれの課題内容が記述される。

③**発達的ルーブリック**（developmental rubric）　子どものパフォーマンスの水準を発展・発達的な観点で評価する。すなわち，あるパフォーマンスが示す固有の発達内容を，初歩段階から専門的といえる高い段階まで，どのように変化し発達しているのかを質的に評価する。

④課題ルーブリック（task rubric）　特定の教科やテーマを子どもがどのように理解しているのかを評価する方法で，小学校では最もよく使われている。課題ルーブリックは，①〜③のルーブリックに比べて，教科やテーマに基づく子どもの学習の理解度に重点をおくものである。評価の対象となる教育の目標・内容・尺度・結果が根拠とともに，事前に子どもに提示される。このことによって，教師と子どもが評価について互いの理解を深められる。評価の過程・結果を統一するため，学校別，同学年教師（教科別）によるモデレーションとベンチマーク[12]の構築が進められている。

　また，ルーブリックのパフォーマンスのレベルは，与えられた課題をどの程度解決しているかを段階で区分する。実際には，1段階（初期水準の学力）から3段階（高い水準の学力）か，1〜5段階（最も高い水準の学力）となっている例が多い。ルーブリックの記述語は，基本的に教える側によりつくられるものである。課題は，特別な研究課題（論説，実験，発表など）の形態で与えられ，実験計画案の使用，参加，発表などの教室での全体的な行動も含むものである。しかし，教育現場において開発されている記述語の内容を確認すると，たとえば図表を使った視覚資料などの場合，「見やすい」「正しく対応できていない」「あやまっている」などという表現がたびたびみられる。これではどのようなパフォーマンスを評価しているのかが明確ではない。たとえば，「見やすい」よりは，「自身の考えの根拠となる資料を分析・検討し，その結果を図や表等を用いて，表現している」といったように観察可能な行動用語に替えるべきである。前述したドメイン準拠評価のように，学力を行動目標・内容として捉え，子どもたちの学力習得の中身をおろそかにしてはならない。なぜなら，教育は，人間の行動パターンの質的な変化を求めているからである。

　また，高い推論を要するパフォーマンス評価では，評価項目を教師が適切に調整し，教師の評価と子どもによる自己評価，そしてグループ評価などを併用する必要があるが，ルーブリックを使用すれば複数の観点で捉えることも可能になる。そして，記述語を設定する際に，教師の一方的な狙いや規準を押しつけるよりは，子どもと教師がお互いにわかる言葉で「どのあたりに注目して評

価するのか」を合意しておくことも，ルーブリックの利点の1つである。

　ルーブリックは，子どもに，自身の作品（学習の経過と成果）がこれからどのように評価されるのかを理解させるための効果的な道具（ツール）になる。さらに，子どもが自分のパフォーマンスの到達度はどの程度で，これからどのようにして自分を向上させていけばよいかを自己評価する助けにもなる。

　教師側も，ルーブリックづくりを通して子どもをみる視点を変化させていくべきである。ルーブリックによって，点数で表すことができない学習のねらいや意義などを見極め，判断し，子どもの多様な要求や異なる目標に合わせて継続的に見方を修正・改善していくことが重要である。したがって，教師が学習・指導の改善のためのルーブリック作成であることを自覚し，追及していくことが求められる。

（5）教育評価に対する今後の課題

　本章では，戦後から現在までの教育評価の変遷とその指導・評価方法に注目し，子どもに寄り添う教育評価とは何かを問いながら，それらの課題を指摘した。

　新教育課程で求められる教育評価の特質が実践に至るためには，なお多くの問題や課題がある。まず，目標に準拠した評価を行うための評価方法として取り上げているポートフォリオ評価やパフォーマンス評価を，教育現場における効果的な実践方法として推し進めるには，学校教育という場のもつ可能性と限界を認識しながら，カリキュラムの編成や授業づくりに関するこれまでの研究蓄積を再検討すること，かつそれらに基づく実践のあり方を追求し，常に改善していくことが重要である。なぜなら，教育評価は，現状をふまえて学びと指導を改善していくための評価であるからである。

　そして，学校教育においてパフォーマンス評価を行う際には，上述したウィギンスの指摘のように「評価課題が子どものコンピテンシーの全体について妥当で一般化ができるものであるか」を省察しなければならない。パフォーマンス評価は，子ども一人ひとりの高次の学習状況の改善を意図しているものの，恵まれない環境（経済的，家庭環境的，学習環境的など）の子どもたちと恵まれ

た環境の子どもたちとの間で，標準テスト以上にパフォーマンス・ギャップが一層大きくなる可能性が高い。評価方法を変えるだけではなく，教育のあり方を根幹から問い直す作業が必要となる。

さらに，パフォーマンス評価は，何より教師の専門性に依拠（もちろん，学習指導要領に基づいているが）して実践されるのであり，さらなる評価の客観性や信頼性を高めるためには，理論と実践方法を合わせて行える「専門家」として教育活動が欠かせない。今回の改訂のように教える内容のみでなく，指導の方法や形態にまで概念的に縛りをかけるようなことは，適切ではないことは上述した。今後は，教師の専門性が評価にどの程度影響するのかなどの課題を実践レベルで把握し，評価側の理論を体系的に構築していくことが要求されるであろう。

> **深い学びのための課題**
> 多くの国々においての教育評価を取り上げて，まとめた内容・意義などをグループのなかで発表してみよう。

注
1) Stevens, S. S.（1946）On the theory of scales measurement. *Science*, 103, pp. 677-680.
2) 田中耕治（2008）『教育評価』岩波書店，15-32 頁。
3) 1948（昭和 23）年では，「学籍簿」という用語を使用した。
4) 2001 年版指導要録では，「関心・意欲・態度」「思考・判断」「機能・表現」「知識・理解」であった。
5) ダイアン・ハート／田中耕治監訳『パフォーマンス評価入門—「真正の評価」論からの提案』ミネルヴァ書房，2012 年，34 頁。
6) 文部科学省ウェブサイト http://www.mext.go.jp/a_menu/shotou/gakuryoku-chousa/index.htm を参照（2017 年 10 月 12 日最終確認）。
7) 文部科学省ウェブサイト http://www.mext.go.jp/component/a_menu/education/micro_detail_icsFiles/afieldfile/2009/06/16/1234931_013.pdf を参照（2017 年 10 月 12 日最終確認）。
8) Wiggins, G.（1992）Creating Tests Worth Taking. *Educational Leadership*, Copyright by Grant Wiggins, p. 26.
9) Wiggins, G., *ditto*, pp. 26-27。
10) ダイアン・ハート，前掲書，62-63 頁。
11) Wiggins, G.（1998）*Educative Assessment*. San Francisco : Jossey-Bass.
12) ベンチマーク（benchmarks）とは，採点ルーブリックに対するパフォーマンス事例のことである。

第10章
授業研究と教師の力量形成

　教師の仕事の中心は、授業をすることである。教師をめざしている皆さんのなかには、教師は授業を「実践」するのであって、授業を「研究」するのは学者の仕事だと考えている人はいないだろうか。もちろん教育学の研究者も授業研究を行う。しかし、実践者である教師も「研究的な実践者」として、自他が行う授業を分析し、そのことを通して教師としての専門性を高めていかなければならない。本章では、教師が行う授業研究に焦点を当て、その意味や方法について解説していくことにしたい。

1 授業研究とは何か―授業を研究する意味とは―

（1）授業研究―研究授業とはちがうのだろうか

　ある教育学部の学生に尋ねたところ、ほとんどすべての学生が「研究授業」ということばを知っており、また実際に参加した経験をもつ者も多い一方、「授業研究」ということばについては、「研究授業」と同義として理解している者が大半であった。この場合理解されている「研究授業」は、実践研究発表の場としての授業公開や公開研究会を意味している。

　研究授業には、ある特定の人が授業を行い、それを人々に「見せる」といった意味合いが強い。それに対して、「授業研究」ということばを使って追究されてきたことは、日常的な授業をみんなで見合い、それを検討しあうなかでよりよい授業づくりのための諸要因や諸法則を明らかにしようということである（吉本　2006）。つまり、授業研究は「授業というものを『名人芸』的なものにするのではなくて、誰もが、いつでも『教える』ということのプロとして授業の力量を高めねばならない、という意図や願い」から生み出され、教師や教育学研究者によって取り組まれてきたのである（吉本　2006）。

（2）授業研究はどのように展開してきたのか—どのような論点があるのか

　授業を科学的な研究の対象とする試みが理論面，実践面で高まりをみせるのは，1960年代以降である。戦前，日本の学校教育においては，「何をどのように教えるか」ということについての教師の自由はなく，それらが授業を創るうえでの課題になるようになったのは戦後のことである。

　1872（明治5）年の「学制」の制定によって，国家による教育の制度化＝近代学校教育制度が始まる。小学校の発足にあたって着手されたことは，教育内容の整備と授業方法の確立であった。その際，アメリカの小学校での一斉授業の形態が模範とされ，師範学校の教師たちによって著述されたさまざまな教授法書やそれらを使った授業研究を通して普及していった（稲垣・佐藤　1996）。しかし，この時期，教師たちの授業研究の対象は非常に限定されていた。なぜなら，たとえば1891（明治24）年に制定された「小学校教則大綱」では，修身を筆頭とする愛国主義的な教育内容が徹底され，教材の取り上げ方についても厳しく統制されていた。そして，これにしたがって，各学校では教授細目を作成するように徹底させられていた。そこで教師に求められていたのは，専門性による自律的な判断ではなく，国家が決めた内容を定められた方法で教えていくことであったのである。

　戦後になると，教育の民主化のなかで1947（昭和22）年に「学習指導要領一般編（試案）」が出され，教育課程を学校や教師が自ら研究し，創り出していくことが提唱されたものの，授業研究が深まりと広がりをみせるのは1960年代に入るころからであった。その背景は3つある（佐藤　1996）。

　第一に，授業研究のアカデミズム化と科学化である。その背景には，旧ソ連における授業分析や教授過程に関する研究，旧東・西ドイツの教授学などの成果が翻訳され，日本に導入されてきたことがあげられる。こうした研究を進める研究者によって五大学共同研究（北海道大学，東京大学，名古屋大学，神戸大学，広島大学）や全国授業研究協議会（全授研）が立ち上げられた。これらの共同研究は，学校現場とも連携しながら，授業研究の手法を開発していった。

　第二に，教育内容の現代化・科学化，およびそれらを背景に発展する教師た

ちの自主的な授業研究の運動である。これは，教師を大多数の構成員とする多くの民間教育団体によって推進されてきた。それらは，戦後の主流であった経験主義教育における教科内容研究の不十分さを批判し，諸科学の成果を反映した系統的な教科内容の学習を主張した。こうした立場から，教科内容をどのような順序でどのような教材を使って教えるのが適切かを把握し，教科の体系を創り出すための「教授学的実験」として授業研究が活発になっていった。教育内容の現代化を理論的に牽引した柴田義松は，「授業研究＝実験は，われわれのプログラムあるいは教材体系に改善を加えるべきところはどこかを明らかにすることに主要な目的をおくべきだろう。…（中略）このような授業を多数の教師が多数の学級で試みることによって，授業案はだんだん改善され，教材やプログラムの欠陥も修正されていくのである」と述べている（柴田　2010）。

　第三に，教員研修や研究指定の制度化である。1958（昭和33）年に学習指導要領が文部省（現文部科学省）の「告示」という形をとり，法的拘束力をもつものと位置づけられるようになった。これ以降，各自治体教育委員会が設置する教育センターを中心とした教員研修プログラムや研究指定が制度化され，多く実施されるようになった。これらの多くは，学習指導要領を効果的に実施することが主要な目的となる教員研修や研究指定であり，その一貫として校内での授業研究が推進されていくことになった。

　これら3つの系譜は，それぞれ重なり合いながら現在まで続いており，日本の教師たちは何かしらの機会で必ず授業研究を経験している。日本の授業研究は，世界的にもその質と量において注目され，多くの国において「レッスン・スタディ（lesson study）」として導入されている（秋田・ルイス　2008）。

　しかし，理論的にも実践的にも発展してきた日本の授業研究であるが，次のような問題点も指摘されている。上述の3つの系譜のうち，教師が最も経験するのは教育委員会の研修プログラムのなかでの授業研究である。これらが教師の授業づくりの力量を高める上で効果的な側面ももちろんあるが，その前提として，いかに学習指導要領や教科書に即して授業をつくるかという点に教師の発想を閉じ込める傾向がある。さまざまな学問的知見をふまえ，目の前の子ど

もの生活現実から教科内容を問い直す点で弱さをもった授業研究のスタイルとなっている。近年では，多くの都道府県レベル，市町村レベルの教育委員会で学力スタンダードやカリキュラム・スタンダードを設定し，定型化された授業が展開できるかどうかを授業研究の中心におく動向も存在している（竹川2017）。

また，系統的な内容構成に基づいた授業研究については，教科内容を「科学的に正しい」「真理・真実」を代表したものだと捉えてしまう傾向があった。すなわち，教師が科学的知見の複数性や不安定さへのまなざしをもたないまま，科学的に確定した内容を教え込んでしまうという問題をかかえていた（子安2013）。

これらの問題点からもわかるように，授業研究は，よりよい授業の一般化や教師の授業づくりの力量を向上させるための重要な取り組みとして展開してきたが，他方で，ある特定の教科内容理解や授業方法を技術的に合理的なやり方で展開しているかどうかに焦点が当てられてきた側面がある。教師の授業づくりの専門性は，特定の内容・方法の「適用」にとどまるものではない。では，教師はそもそも何のために授業研究を行うべきなのか。また，授業研究においてどのような視点で，何を分析し，そしてそこから何を得ていくべきなのか。次節以降この問題を考えていく。

2 学者が行う授業研究と教師が行う授業研究は何がちがうのか
―教師が行う授業研究固有の意味とは

なぜ，教師は授業研究を行うのか。それは，教師という仕事が教育実践を自律的に創造する専門職だからである。では，その根拠は何であろうか。ここでは，国際的な提言および日本国内の法制面で規定されていることを取り上げてみよう。

（1）教師を専門職として定義する国際的動向

まず，国際的な提言では，ILOとユネスコによる「教員の地位に関する勧

告」(1966年)が重要な位置にある。いくつか重要な条項を,以下にあげておきたい。

> (6) 教職は,専門職と認められるものとする。教職は,きびしい不断の研究により得られ,かつ,維持される専門的な知識及び技能を教員に要求する公共の役務の一形態であり,また,教員が受け持つ生徒の教育及び福祉についての各個人の及び共同の責任感を要求するものである。
> (61) 教員は,職責の遂行にあたって学問の自由を享受するものとする。教員は,生徒に最も適した教具及び教授法を判断する資格を特に有しているので,教材の選択及び使用,教科書の選択並びに教育方法の適用にあたって,承認された計画のわく内で,かつ,教育当局の援助を得て,主要な役割が与えられるものとする。
> (70) すべての教員は,その専門職としての地位が相当程度教員自身に依存していることを認識して,そのすべての職務においてできる限り高度の水準に達するよう努めるものとする。

本勧告では,教師を専門職として位置づけている。そして,その専門職性は,「不断の研究」による専門的な知識・技能と公共的倫理観を必要とし,それを支えるのは教師の「学問の自由」であると明言している。学問の自由を基盤として形成される専門性への信頼の上に,教師は教材や教育方法の選択・適用を自律的に行うことができるとしている。

(2) 日本国内の法制度では教師の専門性をどのように特徴づけているのか

教師が学問の自由を享受する研究主体であることは,日本国内の法制面においても位置づけられている。

たとえば,教育基本法第9条第1項では,「法律に定める学校の教員は,自己の崇高な使命を深く自覚し,絶えず研究と修養に励み,その職責の遂行に努めなければならない」と規定している。教育公務員特例法第21条では,「教育

公務員は，その職責を遂行するために，絶えず研究と修養に努めなければならない」と定めている。

　また，学習指導要領では，総則の冒頭において「各学校においては，教育基本法及び学校教育法その他の法令並びにこの章以下に示すところに従い，児童の人間として調和のとれた育成を目指し，児童の心身の発達の段階や特性及び学校や地域の実態を十分考慮して，適切な教育課程を編成するものとし，これらに掲げる目標を達成するよう教育を行うものとする」とある。学校・教師が主体となって教育課程を創り出していくことが示されている。

　以上のような国際的提言や国内の教育関係法制に沿って考えるならば，教師は，ある特定の授業理論やメソッドの「実行者」なのではなく，自らの仕事の中心をなす授業を絶えず研究し，自らの教授に関する知識や技能を更新していく研究主体でいなければならない。そして，その研究は，学問の自由の観点から保障されなければならないのである。

（3）教師は何を目的に授業研究を行うのか

　では，教師は何のために授業研究を行う必要があるのだろうか。学術研究の発展のためであろうか。あるいは，よりよい授業の一般理論の構築のためであろうか。教師の授業研究の固有性を考えるために，大学などの教育学研究者が行う授業研究と研究的実践者である教師が行う授業研究との性格のちがいを考えてみよう。

　片上（2009）は，戦後の授業研究の目的について，①授業の事実の特定とその把握をめざす解明研究，②当該授業の改善をめざす目的研究，③教師の力量形成をめざす校内研修，④「あるべき授業の法則性」を求める一般化研究，⑤教科内容の具現化の5つに分類している。

　①は，1960年代からの授業研究の科学化のなかで実証的な観点から重視されてきたものである。音声や映像で記録を取り，その記述に基づいて授業がどう展開されたかを解明していくことが目的となる。

　②では，事実として起こされた授業の展開過程から，その授業のどこに問題

があり，どう改善していくかを検討していくことが目的となる。具体的には，事前の計画（指導案）と実際との整合性，授業者の子ども理解，集団思考の深まり，発問や教材の適切性などが分析されることになる。

　③は，授業研究の目的を校内の教員研修の中心に位置づけ，集団としての教師の力量形成を目的としている。1960年代以降の教員研修や研究指定などの増加のなかで形骸化・形式化の傾向が指摘されてきたものの，近年では，学校の組織力を高めるという観点から，教師集団の学習過程を組織する中心として授業研究を位置づける動きもある。

　④は，1960年代から大学研究者によって推進されてきた授業の科学的研究の関心であり，すぐれた授業事例からその構造を解明し，「よりよい授業」の一般化を目的としている。⑤では，系統的な教科内容研究やそれを反映した教材の適切性を検証することが目的となる。

　これら5つはあくまで目的の分類であり，実際の授業研究ではいくつかの要素が入り交じるものの，①②③は参観した当該授業の分析と改善に重点をおき，授業者の力量形成（構想力と省察）をめざす点に特徴をもち，他方④⑤はよりよい授業の理論化に重点をおくというちがいがある。授業研究の歴史的展開からいえば，これらの目的のうち学校の教師が主に追究してきたのは，②と③であろう。そうした目的で教師自身が主体となって授業研究を行うスタイルは，大正期（1920年代）には確立されてくるといわれている（豊田　2009）。教師自身が自らの授業実践を一人称で（教師である「私」と〇〇さんという固有名詞の子どもとの関係で）記述し，それを教師集団で共有し，分析する。そのことを通して，授業を省察し，構想する力を形成する。自分のことばで授業を構想し，実践し，その過程を意味づけ，編み直していくという，教える立場としての当事者性を構築していくことが，教師固有の授業研究の意味であろう。

3　教師はどのように授業研究を進めていくのか──授業研究を支える視点や方法，体制とはどのようなものか

　2では，教師が行う授業研究の固有の意味を説明した。では，教師は，ど

のように授業研究を推進していくのであろうか。ここでは，教師が授業研究を進めるうえで必要な視点や方法について解説していく。

教師の行う授業研究の方法は多様である。校内研修や研究指定の実践においては，特定の教科を中心に教科別の授業研究体制が組織される場合もあるし，授業改善全般を目的にする場合もある。また，特定の指導方式の検証を中心にする場合もあるし，各民間教育研究団体では，その主張や方法論に基づいて授業研究を行っている。

(1) 授業研究の基本的な段階

まず，授業研究の基本的な段階をおさえておこう。授業研究は，大きく3つの段階からなる。事前検討，授業の記録化，事後検討の3つである。

第一に事前検討の段階である。授業研究というと，実際の授業場面の観察と振り返りだけを考えてしまいがちであるが，授業者の事前検討の段階も含めて授業研究のプロセスと考えることが大切である。事前段階には，子ども理解（家庭や地域理解もかかわってくる），教科内容と結びついた教材研究，学習課題や発問づくりなどが含まれ，これらを指導案という形式でまとめる作業を行う。これら教材研究や指導案づくりは，それ自体は授業研究そのものではないものの，分析対象となる授業を意味づけるうえで重要な要素である。なぜなら，授業研究は単にその授業の方法の善し悪しではなく，教師の認識や判断を問うものだからである。その意味で，教材の研究は教科内容の本質から検討することが必要であるとともに，教師自身の子ども理解をそこに反映していくことも重要である。あの子ならこう読むだろう，この子にとってはこの素材は足場にならないかもしれないというように，具体的な学習者の姿を念頭に教材や発問を検討しなければならない。

(2) 視点をもって記録を取る

第二の段階として，実際の授業を記録にすることである。ビデオカメラやレコーダーなどで実際の映像や音声を記録したもの，あるいはそれを文字化する

ことが含まれる。授業後すぐ検討会を行う場合でも何かしらの記述に基づいて検討していくのが一般的である。また，授業者がある一定の期間の授業実践を教師と学習者が固有名で登場する物語＝実践記録として記述したものを分析する場合もある。

　授業記録は，事後の検討において授業を単なる印象ではなく，教師と子どもの発言や活動の事実に即して検討していくために必要である。授業記録の取り方については，事実を記述することが何よりも重要であるが，「客観性」を重視するあまり，個々の教室の歴史や教師・子どもの個性を脱色してしまうような記録ではあまり意味がない。今でも教師をＴ，子どもをＣと表記し，授業での発言の逐語記録を取る方法が学校現場（とくに校内研）で広く用いられているが，こうした手法は，教師や学習者としての「役割」の相互作用を発言間の関連から明らかにすることで授業構造を解明する点に効果があるものの，授業の参加者を記号化・非人称化することによって，その授業で生み出されているさまざまな学級のストーリーを背景にした「物語」を読み解くことには向かない。

　また，ビデオ撮影による記録についても，記録者の授業への視点（何を中心に見ているか）が反映されるものである。何を観察するのか，どこに注目するのかという一定の立場をもたないでは，記録することは不可能である。記録の客観性を問題にするよりも，記録者がどのような視点から記録を取ったのかを意識しておくことが重要である。

（3）授業の何を分析するのか

　第三の段階として，授業の記録に基づいて分析を進めていく。授業を検討するにあたっては，全体構造を明らかにするといっても，授業を構成する諸要因に着目して分析する必要がある。ここでは，「指導過程」「集団過程」「認識過程」という3つの要因からの分析を紹介する（全国授業研究協議会　1965）。

　指導過程の分析とは，授業において教師がとる方法の分析である。教師が子どもたちの積極的な学習意欲を喚起し，学習参加を組織するためにどのような

表 10.1 指導過程の分析

分析する項目	分析のポイント
話法	・教師のことばの調子，ニュアンス，表情，ジェスチャー ・間の取り方（子どもの発言と教師の応答の間）など
発問・指名	・子どもの経験や既得知識と関連した問いかどうか ・教材内容提示の順次性に合致しているか ・子どもの思考活動を誘発しているか ・発問の性質（子どもに考えるべき問題を確認する問い，子どもを問題探究へと誘う問い，子どもに問題提起する問い） ・誰に指名しているか，何回指名しているか（指名が偏っていないか）
板書・机間巡視	・授業のねらいを子どもに理解させる板書になっているか ・問題解決の手がかりになる板書になっているか ・どの子どもの学習の様子に教師は目を向けていたか

出所：全国授業研究協議会，1965 年，122-126 頁

工夫をしているか，子どもたちの教材に対する認識を高めるためにどのような技術的な働きかけをしているかという側面を検討する。具体的には，教師の話法，発問・指名，板書・机間巡視などについて分析を行う。

　集団過程の分析とは，授業において子どもたちが「集団として」どのように参加しているかを分析するものである。すなわち，子どもの発言が教師によってどのように取り上げられ，組織されていくかが中心的な問題となる。教師が問題を出し，子どもがそれに解答するといった一問一答のコミュニケーションが連続するような授業では，発言が「組織」されているとはいえない。教師の問いに対して，ある子どもの発言があり，それにほかの子どもの発言が続くようなコミュニケーションになっているかどうか，そこで子どもたちがかかわりあいながら思考を深めているかどうかが問われることになる。

　また，集団思考の深まりを組織する際に，教師がどのように小集団を活用しているかも観察する必要がある。グループのリーダーがどのような働きをしているか（グループ内の発言が平等になされているかどうか），学習に遅れがちな子どもに対してグループのほかの子どもがどのようにかかわっているかといったことは，その集団思考の質を決める重要なポイントである。

　最後に，認識過程の分析とは，授業における子どもの教材認識，あるいは教

材を通して教科内容をつかんでいるかを分析するものである。授業において教師は，上述したさまざまな教育技術を駆使しながら，集団思考を組織する。しかし，それらは教えるべき内容と無関係になされるのではない。教科固有の知識や技能（教科内容）を具体的な思考対象として加工した教材をめぐって集団的に思考するのであり，その効果的な組織化のための発問や板書技術なのである。教材に対する子どもの認識が高まっているかどうか，それが何によって高まったのかを検討しあうためには，授業者およびほかの授業分析者が教材の構造や意味を把握していることが不可欠になってくる。また，ある知識を理解したことがその子どもにとって意味することや，子どもが教材をめぐって発したことばの意味を理解するためには，教師自身の子ども理解の水準が問われることになる。

（4）どのような組織・体制で授業研究を行うか

授業をどのような場・組織において，誰と研究するのかという点も授業研究を充実させていくうえでは重要である。

ICレコーダーやデジタルビデオカメラなどの録画・録音機器が高機能化し，入手しやすくなった現在においては，授業を自ら記録することが容易になっている。日常的には，こうした機器やメモノートのようなもので日々の授業を記録し，振り返ることが授業研究の出発点であろう。授業研究は，あくまでこうした日常的な授業とその振り返りのなかで生み出される個々の教師の問題意識や実践課題を起点にしなければならない。

そして，個々の教師の授業づくりから出発し，それを他者との共同分析へと広げていくところに授業研究の意味はある。その際の共同体制にはいくつかある。

まず，多くの教師が経験しているのは，校内での授業研究であろう。初任者研修，5年目研修といった研修内容として授業研究を行う場合や，研究指定を受けての校内研究などがある。また，学校によっては，伝統的に校内での授業公開・授業研究を年間通して行っている場合もある。近年では，学習する教師

集団づくり，すなわち個々の教師の学習と教師集団としての学習の相互作用を通して，教師の専門性と学びあう同僚性を構築するための場として校内研修を組織する展開が多く報告されている（秋田　2017）。

ただし，校内で行われる授業研究の多くでは，全校の研究テーマや研修テーマを個人の授業に落とし込んだ形で行われるため，なかなか個々の教師の問題意識や実践課題を起点に授業研究を行うことがむずかしいのが現状である。あるいは，2017年3月に告示された学習指導要領では，教育課程の評価・改善を通して学校の教育活動の質を向上させる目的で各学校に「カリキュラム・マネジメント」の体制を構築するよう求めている。個々の教師の自律的判断と研究の自由を教師集団のなかで尊重し，承認し，協力しあう校内研究の体制が不可欠となろう。

つぎに，教師が授業研究を行う場として，自主的なサークルや研究会を取り上げたい。日本では，学校以外で，教師たちが自主的に授業づくりのサークルや研究会を起ち上げ，お互いの授業記録を報告しながら，授業の力量を高めあってきたという文化が存在する。こうした研究会はすでに戦前から存在し，1960年代になると教育内容の現代化の流れのなかで各教科に特化した民間教育団体が登場しはじめる。全国規模の研究会から地方規模，10数名程度の小規模のサークルまで多種多様な自主研究会が現在でも存在している。

こうした研究会では，お互いに授業の実際を参観する場合もあるが，大半は，授業者自らがまとめた授業記録をもとに分析を行う。授業記録は，授業後に授業者自身がメモやビデオ・音声記録などをたどりながら，あくまで実践者の主体的な立場から記述していくことが大切である。客観性にこだわるよりも，授業者として何を目的にその教材を選んだのか，それを自らはどう解釈して提示したのか，そこに子どもたちのどのような反応を描いていたのか，この子どもの発言に対してそのときどう判断したのかなど，授業者自身の理解や判断や省察を記述していく。それは，記録というよりも授業で生起した「物語」と表現してもよいものである。こうした実践記録は，定例の研究会で報告されたり，各団体が発行する機関誌に掲載され，参加者・読者のさまざまな視点から分析

される。

　また，こうした研究会には大学の研究者が参加しているものも多数ある。そこでは，自らの実践を理論的な見地から捉え直したり，逆に実践提案が理論の変更を迫るようなことも生じるのである。

　以上のように，学校内外で同僚，ほかの学校・地域の教師，研究者との共同体制のなかで授業研究は深まっていく。教師個人から発信された授業の事実は，他者との共同研究を経て，その教師自身へと多様な分析視点を含んで豊かになりながら戻ってくる。このサイクルを創り出すのが授業研究なのである。

　ところで，授業を共同で分析しあう際には，次のような点に注意する必要もある。第一に，授業でみえた事実から検討を進めることである。授業研究に参加する者は，ほとんどが教師か教育学者であるために，自分自身の授業観や教材観をもっている。そこから授業を意味づけようとしてしまうため，自分がみえていない部分を観念的に評価してしまいがちである。ビデオ映像であれ，実践記録であれ，あくまで読み取れる部分に限定して分析を進めることを重視したい。

　第二に，指導案や授業計画どおりに進んだかどうかを検討の中心にしないことである。もちろん，指導案は単なる紙の計画ではなく，子どもの認識を高めるための授業の「マップ」ではあるが，仮説的なものとして位置づけるべきものである。むしろ，念入りに計画したはずの指導案と実際の授業展開の"ズレ"にこそ授業研究の中心となる論点がある。なぜなら，その"ズレ"は，授業者の教材解釈や子ども理解を振り返るポイントであったり，逆に授業者が子どもの声を拾い上げ，立ち止まって授業を展開したポイントであるからである。絶対に正しい授業のつくり方ではなく，多様なアプローチの可能性を顕在化させることに授業研究の重点をおきたい。

4　授業研究を通して更新される教師の力量として，今後どのようなことが課題となるか

　最後に，授業研究を通して教師にはどのような力量の形成が期待されている

か，これまでの重点を確認するとともに，今子どもたちが生きるこの現代社会の課題から考えてみたい。

(1) 授業研究による教師の力量形成

　授業研究による教師の力量形成については，これまで大きく2つの考え方が存在する。1つは，とりわけ1960年代以降の授業研究の科学化や教育内容の現代化，それらと並行した民間教育研究運動の高まりのなかで追究されてくる，「何をどのように教えるのか」ということに関する教師の専門性である。ここでは，教える営みに教師の専門性の力点がおかれていた。もう1つは，1990年代以降，社会構成主義の学習論を背景に授業研究の転換が強調され，「授業を通して子どもたちにどのような物語が生み出されたのか」という視点から授業を省察する教師の専門性が提起された。授業における子どもの語りを中心に授業を省察することを教師の専門性と捉える系譜である。この後者の議論は，前者が特定の理論を実践に適用する「技術的合理性」を教師の専門性の核に据えていることを批判している（佐藤　1997）。

　教える営みに重点をおくからといって，前者の系譜に立つ理論・実践が教え込みの論理になっていたとは必ずしもいえない。1960年代以降の授業研究や授業実践のなかでは，子どもがわかる授業や子どもの学習要求に応えることが追求されていたし，教育内容の現代化においても科学的知見を相対化して捉える見方も存在した。逆に，授業での子どもの語りに授業研究の焦点を当てることが，教師の授業づくりの枠組み（何が学ぶに値する内容と問いかについての認識）を更新することにつながるかどうかが問われなければならない。

　石井英真（2016）は，教えの専門職と学びの専門職という2つの教師像が対立的に論じられることに対し，「学問する教師」という軸を設定して，理論と実践，教えの論理と学びの論理を往還することを提案している。教師の教える営みを子どもの学びから相対化するとともに，子どもの学びを保障するための教える論理を創り出すことを教師の仕事の中心に据え，この2つを教師が学問的知見に基づきながら自律的に生み出していくことを教師の専門性として位置

づけている。これは，本章2でも取り上げたILO・ユネスコ勧告で重視されている教師の学問の自由，研究主体としての教師という把握と通じるものである。「実践的指導力」が強調される現在において，改めて教師が学問の世界を経由して自律的判断を行使していくことの重要性を理解しておく必要がある。

（2）現代社会に生きる教師の視点

教師が学問の自由を基盤として教えの論理と学びの論理を統合し，自律的に授業を構想・実践・分析していくことの重要性を述べた。その際，現代社会においては，その学問への社会的なまなざしや子どもの生活が大きく変わってきていることをふまえ，授業づくりをそれらにどう迫らせていくかを考えていく必要がある。ここでは2つの問題を取り上げる。

1つは，「科学」の複数性・相対性である。これは，リスク社会論において展開されてきた問題である。すなわち，現代社会はコントロール困難で知覚不能な影響をもたらす"リスク"が増大する社会（リスク社会）であるという主張である（ベック 1998）。自然を科学的にコントロールすることで富を拡大してきた近代社会は，その成熟の結果，科学がリスクもまた飛躍的に増大させる社会となった。私たちは，豊かさと引き換えにリスクを背負う社会に生きているのである。これは，2011年の東日本大震災とりわけ原発事故において日本社会に突きつけられた問題である。

もう1つは，7人に1人といわれる子どもの貧困率やLGBTなど生き方の多様性が顕在化してくるなかで，「子ども（の生活）」を一枚岩のものとして語ることがむずかしくなっていることである。

以上のことから導き出される現代社会における授業づくりの課題は，公認された科学の到達点を確認したり，最新の科学的な研究成果を土台に教えたりすることではなく，また特定の層の子どもの声を想定して授業を構想することではない。そうではなく，「当たり前」として語られていることを子どもたち自身が自らの生活現実に即して問い直すとともに，それと対抗する研究や知見を積極的に探すことにおかれる必要がある（子安 2013）。教師が科学と子どもの

視点を一手に代表して授業を成立させるのではなく，子ども自身が事実認識（事実の多様性の認識）に基づいて自分で価値判断していけるように委ねていく授業構成が必要とされている。

そうした授業を創り出していくためには，教えと学びの専門職であると同時に，教える営みや子どもの姿を批判的に捉え直すことが不可欠であり，学問する教師であると同時に学問に批判的まなざしを向けられる教師である必要がある。このように授業づくりにおける教師の専門性を捉えるならば，授業研究においても，社会的まなざしから授業構造を検討していくことがいっそう求められる。授業で教えていること／子どもが学んでいることを社会的視点から把握し，そのことによって教科内容研究や教材研究，子どもへの問いかけを新たにしていくのである。授業研究は，授業内部の諸要因だけを考えればいいのではない。ここでもやはり，教師が学問的知見を広げていくことが大きな鍵となるだろう。

深い学びのための課題
1. 教育雑誌から授業実践記録を1つ探して自分なりの視点を明確にして分析してみよう。
2. ほかの人にも同じ授業記録を分析してもらい，視点や評価のちがいを検討してみよう。

参考・引用文献

ILO・ユネスコ（1966）「教員の地位に関する勧告」文部科学省ウェブサイト http://www.mext.go.jp/unesco/009/004/009.pdf（2017年9月最終閲覧）

秋田喜代美（2017）「授業づくりにおける教師の学び」秋田喜代美編『学びとカリキュラム』岩波書店，71-104頁

秋田喜代美・キャサリン・ルイス編著（2008）『授業の研究 教師の学習―レッスンスタディへのいざない』明石書店

稲垣忠彦・佐藤学（1996）『授業研究入門』岩波書店，149頁

ウルリッヒ・ベック／東廉・伊藤美登里訳（1998）『危険社会―新しい時代への道』法政大学出版局

片上宗二（2009）「授業研究の現在―二つの視座から」日本教育方法学会編『日本の授業研究―授業研究の歴史と教師教育』学文社，95-98頁

子安潤（2013）『リスク社会の授業づくり』白澤社，18-19頁，28-30頁

佐藤学（1996）『教育方法学』岩波書店，40-45頁
―― （1997）『教師というアポリア―反省的実践へ』世織書房
柴田義松（2010）『授業の基礎理論』〈柴田義松教育著作集5〉学文社，16頁
全国授業研究協議会編（1965）『授業研究入門』明治図書，120-130頁
竹川慎哉（2017）「スタンダード―化される授業づくりの現在と批判的リテラシー教育の今日的意義」『中部教育学会紀要』第17号，pp. 1 -13。
豊田ひさき（2009）「戦後新教育と授業研究の起源」日本教育方法学会編『日本の授業研究―授業研究の歴史と教師教育』学文社，12頁
吉本均（2006）『現代教授学の課題と授業研究』明治図書，179頁

索　引

[あ行]
ICT の活用　101
アクティビティ　39
アクティブ・ラーニング　72
アセスメントからの学び　105
アフォーダンス　55
一斉授業の可能性　86
一般教育　137
イメージづくり　48
インクルーシブ教育　44
ヴァルネラヴィリティ　116
ウィギンス　161
SAMR モデル　101
エバリュエーション　146
エビデンス論　47
横断的・総合的な学習　131
教えと学びの専門職　178

[か行]
学習規律　126
学習形態の交互転換　80, 119
学習権宣言　73
学習指導案　37, 88
学習指導要領一般編（試案）　164
学習集団論　120
学力の3要素　107
仮説実験授業　33
型　3
川合章　135
観点別学習状況の評価　151
机間指導　89
木下竹次　12
技法　3
教育技術　4
教育の「平準化」論　45
教育評価　146
教育方法　3
教員の地位に関する勧告　166-167
教科学習　137
教科観の転換　50
教科書　29
　──の教材研究　30
教科内容　27
教具　28
教材　27

教材選択の基準　24
教師の専門性　167
協同的活動　66
キルパトリック, W. H.　62
形成的評価　149
系統学習　20
研究的実践者　168
合意的関係　85
合科的な指導　134
公共空間　115
個人学習　90
子どもの権利条約　73
子どもの生活から学びをつくる　141
コメニュウス, J. A.　2, 10
コンピュータの利用　96

[さ行]
次世代スキル　103
実践を通じた学び　104
視点としての総合学習　136
指導過程の分析　171
習熟　42
集団過程の分析　172
集団思考　119
授業形態　76
授業研究　163
授業スタンダード　121
主体的・対話的で深い学び　15, 77
手法　3
小学校教則大綱　164
城丸章夫　135
真正の評価　146
診断的評価　149
水道方式　32
スタンダード準拠評価　150
ストリート算数　19
正統的周辺参加（論）　19, 123
セッティングを関係づける学び　105
説明　83
戦後新教育　13
専門家からの学び　104
総括的評価　149
総合学習　129
総合学習（日教組）　132
総合的な学習（の時間）　129

181

総合の時間　130
相対評価　147

　　　[た行]
ダイアン, H.　157
大正自由教育　14
タイラー, R. W.　146
対話　115
竹内常一　136
他者からの学び　104
楽しい授業・学び　42
探求する授業　61
探求的な学習　130
探求の過程　64
探求を通じた学び　104
地域に根ざした教育　35
知の再定義　124
調査を通じた学び　104
つまずき研究　35
TPACK　98
TPCK　95
できる　42
手塚岸衛　13
デューイ, J.　13, 61, 62
道具としてのICT　109
当事者性　143
到達度評価　148
遠山啓　31-32, 135
ドメイン準拠評価　150
ドルトン・プラン　13
Thompson & Mishra（2007-2008）　97

　　　[な行]
内容の真正性　25
認識過程の分析　172
NESTA　103
ノール, H.　16

　　　[は行]
パーカスト, H.　13
ハーバーマス, J.　8

発問　83, 87
パフォーマンス課題　155
パフォーマンス評価　154
板書案　88
「反省的思考」の過程　62
班長（学習リーダー）　89
班話し合い　89
PISA　100
「一人でわかる／できる」ことと「みんなでわかる／できる」　118
プロジェクト学習　63
ペスタロッチ, J. H.　11
ヘルバルト, J. F.　11
ヘルバルト派　2, 11
方式　3
ポートフォリオ評価　153

　　　[ま行]
学びの共同体　20
学びへの願い　56
マニュアル化・定型化　78
Mishra & Koehler（2006）　96
目標に準拠した評価　146, 149
ものづくりによる学び　104
問答・討論のある学び　52

　　　[や行]
ユニバーサルデザインの授業　44
吉本均　88, 118

　　　[ら行]
リット, Th.　16, 17
リベラルアーツ　137
領域としての「総合学習」　135
ルソー, J. J.　11
ルーブリック　158, 159

　　　[わ行]
わかる　41
ワークショップ　39
私事化・孤立化　113

［編集代表］
山﨑 準二（やまざき じゅんじ）学習院大学教授
高野 和子（たかの かずこ）明治大学教授

［編著者］
子安　潤（こやす じゅん）
　中部大学教授
　広島大学大学院教育学研究科博士課程中退，愛知教育大学教授を経て現在に至る
　〈主要著書等〉
　著書『「学び」の学校』ミネルヴァ書房，1999 年
　　　『反・教育入門』白澤社，2006 年
　　　『リスク社会の授業づくり』白澤社，2013 年
　編著『教室で教えるということ』（岩垣攝・子安潤・久田敏彦編）八千代出版，2010 年
　　　『原発を授業する』（子安潤・塩崎義明編）旬報社，2013 年
　　　『学びに取り組む教師』（竹内常一編集代表／子安潤・坂田和子編）高文研，2016 年

未来の教育を創る教職教養指針　第 7 巻
教科と総合の教育方法・技術

2019 年 1 月 31 日　第 1 版第 1 刷発行
2023 年 8 月 30 日　第 1 版第 3 刷発行

編著　子安　潤

発行者　田中千津子　〒153-0064　東京都目黒区下目黒 3-6-1
　　　　　　　　　　電話　03（3715）1501（代）
発行所　株式会社学文社　FAX　03（3715）2012
　　　　　　　　　　https://www.gakubunsha.com

Ⓒ Jyunji YAMAZAKI・Kazuko TAKANO　2019
　　　　　　　　　　　　　　　　　　　　印刷　亜細亜印刷

乱丁・落丁の場合は本社でお取替えします。
定価はカバーに表示。

ISBN 978-4-7620-2840-3